Hermann Cremer

Die christliche Lehre von den Eigenschaften Gottes von d. H. Cremer

Hermann Cremer

Die christliche Lehre von den Eigenschaften Gottes von d. H. Cremer

ISBN/EAN: 9783743681125

Hergestellt in Europa, USA, Kanada, Australien, Japan

Cover: Foto ©Lupo / pixelio.de

Weitere Bücher finden Sie auf **www.hansebooks.com**

Beiträge

zur

Förderung christlicher Theologie.

Herausgegeben von

D. A. Schlatter, und **D. H. Cremer,**
Prof. in Berlin.   Prof. in Greifswald.

Erster Jahrgang 1897.

Viertes Heft:
Die christliche Lehre von den Eigenschaften Gottes.
Von D. H. Cremer.

Gütersloh.
Druck und Verlag von C. Bertelsmann.
1 8 9 7.

Die christliche Lehre

von den

Eigenschaften Gottes.

Von

D. H. Cremer.

Gütersloh.

Druck und Verlag von C. Bertelsmann.

1 8 9 7.

Inhalt.

	Seite
Einleitung	1
I. Begriff der Eigenschaften Gottes	10
II. Ableitung und Ordnung der Eigenschaften	23
III. Die in der Offenbarung sich erschließenden Eigenschaften Gottes	34
1. Die Heiligkeit	34
2. Die Gerechtigkeit	46
3. Die Weisheit	67
IV. Die in dem Gottesbegriff enthaltenen Eigenschaften im Lichte der Offenbarung	77
1. Die Allmacht	77
2. Die Allgegenwart	84
3. Die Allwissenheit	93
4. Die Ewigkeit und Unveränderlichkeit	102
V. Die Einheit der göttlichen Eigenschaften oder die Herrlichkeit Gottes	109

Die Unfruchtbarkeit des Lehrstücks von den Eigenschaften Gottes in seiner bisherigen Behandlung in der Dogmatik und im kirchlichen Unterricht ist ein offenes Geheimnis. An keiner Stelle der Dogmatik sind inhaltlich die Traditionen der Scholastik weniger aufgegeben, nirgend sucht man formell die Lösung der Probleme mehr auf dem Wege scholastischer Begriffsspaltung, als hier. Noch immer fragt man, ob es überhaupt möglich sei, Gott Eigenschaften beizulegen, ob denselben etwas Wirkliches in Gott entspreche, auf welchem Wege sich das Problem der Kongruenz des Willens und Vermögens Gottes lösen lasse 2c., als hätten wir es immer noch mit dem irreligiösen Begriff des reinen Seins oder des Absoluten zu thun, wenn man auch schamhaft das Absolute nur als das bloß logisch erste Moment im Begriffe Gottes bezeichnet. Und weil das Prädikat Gott an sich schon für das Subjekt dieses Prädikates, für den, der Gott ist, gewisse Eigenschaften im Unterschiede von der Welt ergiebt, während andere Eigenschaften erst durch die Erkenntnis des Subjektes dieses Prädikates gewonnen werden, so gewinnt die Eigenschaftslehre günstigstenfalls den Charakter einer Komposition aus articulis mixtis und puris, wodurch dann leider die articuli puri mehr verschlechtert, als die articuli mixti gebessert werden. Ich berufe mich hierfür ebenso auf den losen Zusammenhang, in welchem in der Regel die Eigenschaftslehre mit dem übrigen Inhalt der Dogmatik steht, wie auf die Thatsache, daß von allen Aussagen der Dogmatik diejenigen über die Eigenschaften Gottes am wenigsten durchklingen in der kirchlichen Verkündigung, und daß ihnen das geringste Interesse in der Gemeinde und namentlich seitens derer entgegenkommt, die das größte Verlangen nach dem Evangelium und nach Erkenntnis der Wahrheit bekunden. Wenn die Eigenschaftslehre ein wesentliches Stück der christlichen Gotteserkenntnis, der Erkenntnis Gottes in seiner Offenbarung zum Ausdruck bringt ober bringen soll, wie kommt es dann, daß das Interesse daran sich fast nur auf die theologischen Kreise beschränkt? Und selbst, wenn nur die wissenschaftliche Darstellung der christlichen Lehre dieses Lehrstücks bedürfte, um das Verhalten Gottes in seiner Offenbarung wissenschaftlich zu verstehen und um unsere Erwartungen von ihm zu begründen, — wie kommt es, daß dieses Lehrstück die Probleme in der Erscheinung Christi nicht löst, sondern steigert, so sehr steigert, daß auf der einen Seite Thomasius sich nur mit einem Verzicht des „Logos" auf gewisse göttliche Eigenschaften zu helfen weiß, auf der andern Ritschl und seine Schule auf die wesentliche Gottheit Christi ganz verzichten? Bei dieser Lage der Sache kann man es nachfühlen, weshalb Melanchthon eigentlich auch heute noch die Eigenschaftslehre aus der Dogmatik ebenso wie damals aus der ersten Ausgabe seiner loci verweisen müßte, denn förderlich für christliches Glauben und Erkennen ist auch heute noch die Behandlung derselben nur selten und höchstens in geringem Grade. Man fragt unwillkürlich bei einer Reihe von Aussagen, denen man zu begegnen pflegt: was ist nun Christliches darin enthalten?

Daß es nicht so sein sollte, liegt auf der Hand. Aussagen über Gott, die nicht in direktem Zusammenhange mit unserer Erlösung stehen, sind für den Glauben und die Glaubenslehre unbrauchbar. Ein mühsam auf dem Wege langsam verknüpfender Reflexion hergestellter Zusammenhang bessert daran nichts. Ist und will der Gott, der sich als Liebe geoffenbart hat, alles, was er ist, für uns und in völliger Gemeinschaft mit uns sein, so ist keine Aussage richtig, die nicht dazu dient, dies zur Erkenntnis und zum möglichst wirksamen Ausdruck zu bringen. Eine bloße Verstärkung der Aussage: „Gott ist die Liebe" etwa durch die Hinweisung darauf, daß dieser Liebe auch das Prädikat der Allmacht, der Allgegenwart, der Ewigkeit zukomme, ist ja immerhin etwas, aber immer noch nicht das, was z. B. Eph. 1, 19 ff. von der Macht Gottes aussagt, und läßt unser Heil nicht als das Produkt der Bethätigung aller Eigenschaften Gottes erscheinen. Dies aber ist erforderlich, wenn es wirklich Eigenschaften Gottes sind, mit denen wir es zu thun haben.

Möglich aber ist eine solche Behandlung der Eigenschaftslehre nur, wenn wir von der Offenbarung selbst, von dem durch dieselbe und in derselben bethätigten und im Zusammenhange mit

ihr an uns sich bethätigenden, unsern Glauben bewirkenden Verhalten Gottes ausgehen. Denn wir kennen Gott nur durch sein
Handeln für uns und an uns; unser Glaube wird nur durch sein
Objekt, also nur durch Gott selbst in seinem Verhalten zu uns
bewirkt. Darum können wir von Gott nichts aussagen, was wir
nicht objektiv durch sein Verhalten, subjektiv durch den dadurch bewirkten Glauben wissen, also so, daß die Priorität auf seiten Gottes
liegt. Dies vernachlässigt zu haben ist der Vorwurf, der gegen
die Behandlung der Eigenschaftslehre durchgängig erhoben werden
muß. Auch Ritschl und H. Schultz machen darin keine Ausnahme.
Versuchen wir daher, dem Anspruch der Offenbarungsreligion entsprechend, die Lehre von den Eigenschaften Gottes so darzustellen,
wie sie als Ergebnis der Offenbarung zugleich zu ihrer Erklärung dient.

I

Begriff der Eigenschaften Gottes.

Den Glauben der Gemeinde wird es immer befremden, zu vernehmen, wie der Platonismus der griechischen Väter mit der Frage rang und die Scholastik an ihr sich abarbeitete, ob Gott Eigenschaften zukämen. Angesichts der darüber aufgestellten Theologumena mit ihren vermeintlichen Lösungen des Problems, die doch noch nie dazu gedient haben, die christliche Verkündigung zu vertiefen oder wirksamer zu gestalten, fühlt man sich dann wie von einem Banne befreit durch den Mut Melanchthons, dies ganze Lehrstück in der ersten Ausgabe seiner loci über Bord zu werfen. Nur zu bald aber kehrt es wieder, und man wird schwerlich sagen dürfen, daß nur ein abnehmendes religiöses Interesse und ein zunehmendes formal-wissenschaftliches Interesse, nur das Bedürfnis, die Theologie in Kontakt zu erhalten mit der Philosophie, Melanchthon selbst bewog, es wieder aufzunehmen und die alten Fragen wieder zu erneuern. Befremdet fragt man, ob es wirklich an dem sei, daß der Anwendung des Begriffs der Eigenschaften auf Gott so große Schwierigkeiten entgegenstehen, Schwierigkeiten, die Quenstedt zu der Erklärung veranlaßten, die Eigenschaften Gottes seien nihil aliud quam conceptus essentiae divinae inadaequatae, Schleiermacher aber zu dem Satze führen, daß die Eigenschaften nicht etwas Besonderes in Gott, sondern nur etwas Besonderes in der Art bezeichnen, das schlechthinnige Abhängigkeitsgefühl auf ihn zu beziehen. Dann würde für die wissenschaftlich denkenden Theologen nichts anderes übrig bleiben, als eine reservatio mentalis, wenn die Sprache des Glaubens und die Aufgabe der christlichen Verkündigung es unmöglich machen, von Eigenschaften Gottes zu schweigen. Denn daß man jenen Gedanken der eigentlichen Eigenschaftslosigkeit Gottes nicht predigen kann, liegt auf der Hand. Seit der Zeit der griechischen Väter ist es der auf Gott angewendete Begriff des reinen Seins, des Absoluten, der es unmöglich erscheinen ließ, Gott Eigenschaften zuzuerkennen. Jenseits der Welt des bedingten und darum bestimmten und begrenzten Seins soll das reine Sein, das Absolute, liegen, τὸ ὄντως ὄν, von Aristoteles prädiciert als τὸ πρῶτον κινοῦν μὴ κινούμενον, und als dieses sieht man Gott an, um ihn von der Welt zu unterscheiden und die Welt zu er= klären. Durch Entschränkung des Weltgedankens glaubt man Gott zu gewinnen. Eigenschaften aber verleihen ihm dann wieder eine Bestimmtheit und dadurch Beschränktheit, welche ihn dem bedingten, geformten und darum in seiner Wirkungsfähigkeit beschränkten Sein, also der Welt, einordnen, so daß man dann nicht mehr an ihn glauben, von ihm alles hoffen kann. Denn der Gott, an den man soll glauben können, muß schlechthin unbeschränkt sein. Dies war das religiöse Interesse der Väter an dem sonst irreligiösen Be= griff des reinen Seins oder des Absoluten und damit an der Aus= schließung und nur bedingungsweisen Zulassung des Begriffs der Eigenschaften Gottes. Man übersah, daß es erst recht unmöglich ist, an das Absolute zu glauben, und nur der Umstand, daß man es mit dem in Christo offenbar gewordenen lebendigen Gott identifizierte, der als wirklich aller Dinge frei mächtig erkannt war, rettete einem Begriff das Leben, der bis dahin die Frage des Gott suchenden Menschengeistes doch nicht beantwortet, sondern nur verschärft hatte. Das reine Sein war der letzte Gedanke der Philosophie. Die Brücke von dort zu dem Sein der Welt brach immer wieder, wenn man sie glaubte dialektisch geschlagen zu haben. Da erschien im Evangelium von Christo der aller Dinge mächtige Gott. Er war's, den man gesucht hatte. Er verlieh, wie es schien, dem Gedanken des reinen Seins, das aller Dinge Ursache sein soll, Wirklichkeit. Man fragte nicht, ob dieser Gedanke als Formel für das Wesen Gottes neben der Erkenntnis des wirklichen lebendigen Gottes aufrecht zu erhalten sei. Man setzte beide Größen in dem aristotelischen Gedanken des primum movens, des actus purus gleich. Gebannt in diesen Gedankenkreis fürchtete man, Gott durch Beilegung von Eigenschaften wieder zu verlieren, obschon man in der Wirklichkeit nicht umhin konnte, von Gerechtigkeit, Barm= herzigkeit, Geduld 2c., also von Eigenschaften Gottes zu reden. Aber nur der populäre Sprachgebrauch konnte sich das gestatten.

Später ändert sich in etwa das Motiv. Sobald man von Eigenschaften Gottes redet, kommt man, wie es scheint, in die Lage, ihm entgegengesetzte, wie z. B. Gerechtigkeit und Barmherzigkeit zuschreiben zu müssen, wie man sie in seinem Verhalten, in seiner Selbstbethätigung an der Welt und für die Welt wahrnimmt und glaubt. Das würde ergeben, daß durch solche Eigenschaften etwas zum Wesen Gottes hinzukomme, wie etwa beim Menschen, beim Christen zu dem, was er als Mensch, als Christ ist, noch die Eigenschaft eines besonderen Temperaments, einer besonderen Begabung, hinzukommt. Dem mußte man entgehen, wollte man die dem Glauben unentbehrliche Unveränderlichkeit Gottes festhalten. Auf der andern Seite galt es, die Freiheit des göttlichen Handelns zu retten, für die das auch anders können unentbehrlich erschien. Denn wenn die Eigenschaften etwas zum Wesen Gottes Gehöriges, nicht etwas Hinzukommendes sind, so scheint ja die Möglichkeit des Auch=anders=könnens ausgeschlossen. Und doch ist vom Glauben das Bekenntnis unabtrennbar, daß Gott mit uns und an uns auch anders handeln kann, als er thut. Er darf nicht durch eine wenn auch in ihm selbst liegende, doch seiner mächtige, Notwendigkeit handeln. Sonst kann man ja nicht zu ihm beten. Das Gute muß gut sein, weil Gott es will, nicht umgekehrt muß Gott es wollen, weil es gut ist. Bei den reformatorischen und nach=reformatorischen Theologen tritt noch ein anderes Motiv auf. Den Eigenschaften, sagt Quenstedt, entspricht etwas Wirkliches in Gott, aber intellectus noster finitus infinitam et simplicissimam Dei essentiam uno conceptu adaequato adaequate concipere nequit. Darum legen wir es in einzelnen Vorstellungsformen auseinander, so daß ein unzulässiges Nebeneinander zu entstehen scheint.

So sind es zwar überall religiöse Motive, welche für die Aufnahme dieses der Philosophie entlehnten Satzes von der Eigenschaftslosigkeit Gottes im strengen wie im abgeschwächten Sinne geltend gemacht worden. Befremdend aber bleibt es für den Glauben immer, und wir haben ernstlich zu fragen, ob die christliche Glaubenswissenschaft wirklich genötigt ist, auf die An=erkennung von Eigenschaften Gottes zu verzichten, oder richtiger, ob wir für die durch die Offenbarung uns kund werdenden Eigen=schaften Gottes auf das wissenschaftliche Bürgerrecht verzichten müssen?

Der Glaube, der auf Gottes Gnade traut, den heiligen Namen Gottes preist und auf Gottes Gerechtigkeit hofft, kann nicht darauf verzichten. Aber auch die Glaubenswissenschaft braucht es nicht bloß nicht, sondern darf es nicht einmal. Sie hat sich nur zu vergegenwärtigen, daß sie es, wie der Glaube selbst, mit einem ganz andern Rätsel zu thun hat, als mit dem, dessen Lösung die alte Philosophie auf dem Wege der Ent= schränkung des Weltgedankens suchte. Sie hat nicht das Rätsel des bedingten Seins oder der Natur zu lösen, — eine Annahme oder stillschweigende Voraussetzung, welche der Theologie alter und neuer Zeit unendlich geschadet hat. Dies Rätsel löst sich von selbst, wenn das andere unendlich größere Rätsel, das eigent= liche Welträtsel gelöst ist, nämlich das Rätsel der Geschichte. Bleibt dieses ungelöst, so würde auch die Lösung jenes andern Rätsels nichts helfen. Für dieses eigentliche Rätsel hatte die alte Welt entweder keinen Sinn, oder so weit sie ihn hatte, suchte sie die Lösung in der des Naturrätsels, wenn auch nicht wie die heutige Naturwissenschaft in wenigstens teilweisem Bewußtsein ihrer Schranken auf dem Wege der exakten Forschung, sondern auf dem der philosophischen Spekulation. Nur Israel empfand und kannte dies eigentliche Welträtsel und hat demselben so tief ergreifenden Ausdruck verliehen, daß schon in dieser einzigen Be= ziehung Israels Litteratur selbst die griechische Tragödie überragt. Ich erinnere nur an den 68. und 73. Psalm und an das Buch Hiob.

Dieses Rätsel besteht nicht in dem Zusammensein von Geist und Natur, und wird weder gelöst durch die Erkenntnis, wie sich der Geist von der Natur abhebt, noch dadurch, daß der Weg gefunden wird, auf dem der Geist seine Selbständigkeit erhält gegenüber der Natur. Diese Fragestellung ist nur eine andere Form des Naturrätsels. Das Rätsel der Geschichte ist dies: wie kann eine Welt bestehen, die an sich selbst und zwar nicht an ihrer Endlichkeit und Vergänglichkeit, sondern an dem in ihr herrschenden Gesetz der Sünde und des Todes, an dem davon beherrschten Geschichtszusammenhange zu Grunde gehen muß? Das ist die Frage, die den Forscher, den Denker ebenso quälen muß oder müßte, wie sie den gemeinen Mann quält, der in seiner eigenen Person nicht bloß unter dem Gesetz des Todes, sondern der Sünde und des Todes und unter dem dadurch bestimmten

Geschichtszusammenhange in seinem Lebenskreise leidet. Das ist die Frage, die für jeden brennend ist, eine Frage, zu deren Stellung nicht erst ein gewisses Maß von Bildung, sondern nur ein nicht zum Schweigen gebrachtes Gewissen befähigt und nötigt, die nicht gelöst wird durch die Annahme einer „Vernunft in der Geschichte", welche mindestens nicht von jedem wahrgenommen werden kann und wird. Und doch muß ihre Lösung, wenn sie wirklich Lösung des Rätsels sein soll, gemeinverständlich sein, was man von der Formulierung und Beantwortung des Naturrätsels nicht sagen kann, auch nicht mehr zu sagen wagt, solange Dubois=Reymond mit seinem ignoramus, ignorabimus recht behält. Findet diese Frage eine das Gewissen und dadurch das Denken — nicht umgekehrt — befriedigende Antwort, so löst sich auch die weitere Frage nach Zweck und Ziel der Geschichte und auch noch andere Fragen.

Hoffnung auf dieses Rätsels Lösung, das ist die Bedeutung der Messiashoffnung Israels. Die Lösung zu bringen, ist des Messias Amt und Beruf. Darum lautet des Täufers und Jesu Verkündigung: das Reich Gottes ist nahe gekommen. Daß Jesus der Christ ist, das ist die Lösung, die Erlösung. Daß er es ist, daß man im Blick auf ihn geduldig und in aller Zuversicht warten kann auf seinen Tag, wo er sie restlos verwirklichen wird an seiner Gemeinde, die bis dahin sich genügen lassen muß an der ἀπαρχή und dem ἀρραβὼν τοῦ πνεύματος, das ist der Glaube der messianischen Gemeinde, in welchem sie auf die Parusie wartet und von dem, der zur Rechten Gottes erhöht ist, bekennt: „von bannen er kommen wird, zu richten die Lebendigen und die Toten." In der Sendung Jesu, des Messias, haben wir die Offenbarung, die Selbstbethätigung Gottes für die an sich selbst zu Grunde gehende Welt. In Christo haben wir die Offen=barung Gottes, die das Welträtsel, das Rätsel der Geschichte löst, nicht durch Aufschluß, durch Unterweisung, sondern durch eine Selbstbethätigung, in der sich uns nun Wesen, Wille und Ver=mögen Gottes, die Wirklichkeit Gottes erschließt. Diese Wirklichkeit Gottes, in der er sich dem Glauben darbietet, ist eine ganz andere, als die des „reinen Seins" im Unterschiede von dem bedingten Sein. Die Glaubenswissenschaft aber hat die Aufgabe, diesen Unterschied, der weit größer ist, als der zwischen Natur und Geschichte, zu erkennen. Sie darf sich ihre Aufgabe nicht durch den letzten Gedanken der Philosophie stellen lassen, als bestünde sie darin, sei es die Identität des „reinen Seins", des „Absoluten", der entschränkten Welt, mit dieser Wirklichkeit Gottes darzuthun oder höchstens diesen Begriff dadurch zu bereichern und in etwa zu korrigieren, daß sie ihn auf den überträgt, der Gott ist. Es ist verhängnisvoll für die Theologie geworden, daß die alten Apologeten, statt geistesmächtig der widerstrebenden Bildung die richtige Fragestellung in betreff des Welträtsels zugleich mit der Darbietung seiner Lösung aufzunötigen, vielmehr selbst im Bannkreise dieser Bildung sich damit begnügten, für jenen letzten Gedanken der Philosophie die lange gesuchte Wirklichkeit in dem Gott der Offenbarung aufzuzeigen. So erklärt es sich, daß die in dem „ältesten Dogma der Christenheit", in der Parusiehoffnung, ernstlichst festgehaltene Lösung des eigentlichen Welträtsels keinen Einfluß hatte auf die Verhandlung mit den Gebildeten und auf die wenn auch mehr oder weniger doch immerhin wissenschaftliche Darstellung der christlichen Gotteserkenntnis. Wären die „Dogmen" der Philosophie nicht so mächtig gewesen, so wäre es nicht zu verstehen, daß das, womit das Evangelium Glauben gewann und wirkte, so einflußlos blieb für diese Aufgabe und daß die Offenbarung der Wirklichkeit Gottes wesentlich als Befriedigung des alten intellektuellen Bedürfnisses geltend gemacht wurde. Auch waren die Zeiten noch nicht elend genug, um wie später zur Zeit Augustins Boden für den Versuch einer neuen Fragestellung zu finden. Als aber Augustin diese Fragestellung in der ersten Schrift des kirchlichen Altertums über das eigentliche Welträtsel, in seinen Büchern de civitate Dei aufnahm, da hatte diese Arbeit einen andern Zweck und eine andere Wirkung, als die einer Umbildung der Gotteslehre. Es hängt aber mit der Geschichte der abendländischen Bildung eng zusammen, daß jahrhundertelang wenigstens von den auf diesem Gebiete führenden Geistern die Differenz zwischen dem praktischen Interesse des Glaubens an die Offenbarung Gottes in Christo und der wissenschaftlichen Formulierung des Gottesgedankens und der Gotteslehre nicht stark genug empfunden wurde. Dies war erst der Reformationszeit vorbehalten, — freilich, wie wir gesehen haben, ohne einen entscheidenden nachhaltigen Einfluß auf die theologische Behandlung zu gewinnen.

Wir aber haben keinen Grund, in den alten Geleisen zu

bleiben. Wir können es nicht, sobald uns der große Unterschied zwischen der Frage, welche die Philosophie stellte und nie beant= worten kann, und der Frage, welche die Offenbarung beantwortet, klar geworden ist. Wir sind an die Offenbarung gewiesen, nicht weil sie das letzte Mittel ist, um Aufschluß zu gewinnen, den die Vernunft durch sich selbst zu finden nicht imstande ist, sondern weil wir in ihr die Wirklichkeit Gottes haben, eine Wirklichkeit, welche uns die richtige Fragestellung zeigt und zugleich die Antwort giebt und damit von dem Zwange jener aussichtslosen Wege befreit. In seiner Offenbarung handelt Gott, und dadurch erkennen wir nicht sowohl, daß Gott ist, — das ist mindestens viel zu wenig gesagt, wenn es auch richtig ist, daß die Selbst= bethätigung Gottes, in der er als der, der Gott ist, erkannt wird, die Frage, ob er wirklich ist, endgültig entscheidet bezw. überflüssig macht, — sondern wer Gott ist und was für ein Gott er ist. Dies hängt mit dem Zweck der Offenbarung, der Bewirkung des Heils, der Erlösung zusammen. Nicht Bewirkung von Erkenntnis, sondern Bewirkung, Beschaffung und Zueignung des Heils ist der Zweck der Offenbarung, — darüber herrscht zur Zeit noch Ein= verständnis unter den Theologen, namentlich seit C. Ludw. Nitzsch und C. Imm. Nitzsch, wenn auch die Vorstellungen über das, was Offenbarung nun wirklich ist, weit auseinander gehen. Be= wirkung von Erkenntnis ist Ergebnis und wird nur bezweckt, sofern sie Mittel ist, nämlich, sofern es natürlich notwendig ist, daß dies auf den Zweck der Erlösung gerichtete Handeln Gottes von denen auch erkannt werde, denen es gilt. Ist aber ein auf einen bestimmten Zweck gerichtetes Handeln, zweckvolle Selbst= bethätigung Gottes Inhalt seiner Offenbarung, in der er sich selbst unserm Glauben darbietet, so ergiebt sich, daß und weshalb der Gott der Offenbarung ohne die in diesem zweckvollen Handeln sich erschließenden Eigenschaften oder Bestimmtheiten seines Willens und Vermögens nicht geglaubt und darum auch nicht gedacht werden, überhaupt nicht sein kann. Ein Gott, der nicht handeln kann, sich nicht an der Welt bethätigen kann, ist nicht lebendig, ist nicht Gott. Der Gott, der handelt, der Zwecke setzt und ver= wirklicht, kann ebensowenig eigenschaftslos sein, wie sein Handeln. Gehört es aber zu Gott, daß er sich bethätigt und ist seine Be= thätigung in der Erlösung diejenige Bethätigung, durch die er sich als Gott erweist, d. h. als der, an dessen Willen, Vermögen und Verhalten die Welt durchaus gebunden ist, so find die in seiner Bethätigung sich kund gebenden Eigenschaften seines Willens und Vermögens auch Eigenschaften seines Wesens. Wird durch seine Bethätigung offenbar, daß und wie er Gott ist, also von allem, was sonst ist, unterschieden, so sind seine Eigenschaften solche, die in der Weise, wie sie ihm eignen, auch ihm allein zukommen. Sie beschränken ihn nicht, sondern in ihnen offenbart er sich. Sie sind somit Eigenschaften in dem Sinne, in welchem das Subjekt derselben ohne solche überhaupt nicht ist, nicht sein kann. Sie sind das zum Was gehörige Wie, das nicht fehlen kann, während natürlich Eigenschaften im Sinne von attributa accidentalia, Eigenschaften, die fehlen oder anders sein können, ihm nicht eignen. Von solchen Eigenschaften kann nur die Rede sein, wo Gattung und Individuum zu unterscheiden sind. In jenem Sinne des zum Was gehörigen, dadurch bewirkten Wie redet z. B. auch die Naturwissenschaft von Eigenschaften der Körper, die sie beschreibt.

Genauer bestimmt sich nun der Begriff der Eigenschaften Gottes, wenn wir das Wesen Gottes, wie es in seiner Offenbarung in Christo sich erschließt, ins Auge fassen. Das Wesen Gottes ist das, was ihn zu Gott, zu dem macht, der er für uns ist, zum Herrn aller Dinge, zur Quelle des Lebens, zu unserm einzigen und ewigen Halt. In diesem und nur in diesem Sinne giebt es für uns eine Erkenntnis des Wesens Gottes, nicht in dem der philosophischen Spekulation, welche zu erklären sucht, wie es kommt, daß Gott ist. Wir unterscheiden den Begriff Gottes und das Wesen Gottes. Der Begriff Gottes ergiebt sich, wenn wir uns besinnen, daß „Gott" nicht Eigenname, sondern ein Appellativum, also ein Prädikat ist und besagt, daß das Subjekt dieses Prädikats die der Welt schlechthin übergeordnete Macht ist, an die, an deren Willen und Bethätigung die Welt gebunden ist. In seiner Offenbarung erweist sich der Vater unseres Herrn Jesu Christi als diese Macht, an die die Welt unbedingt, völlig und ewig gebunden ist, als der, der wirklich und allein Gott ist. Nicht bloß, wie er diese Macht ausübt, erkennen wir aus seiner Offenbarung, so daß die letztere etwa unter den verschiedenen denkbaren Möglichkeiten der Machtübung diejenige kund thäte, welche nun durch den Willen Gottes zur Wirklichkeit geworden ist. Vielmehr erkennen wir, daß gerade diese Machtübung und nur sie es ist

und sein kann, durch welche er die Welt an sich bindet, daß
gerade dies die höchste Machtübung ist, nicht, die sich denken läßt,
sondern die „alles Denken übersteigt", die wir nicht einmal ahnen
würden, geschweige denn denkgesetzlich entwickeln können, wenn sie
nicht thatsächliche Wirklichkeit wäre. Erst durch sie erkennen wir,
was dazu gehört, um Gott zu sein in dem ganzen nun sich
erschließenden wunderbaren Inhalte dieses Begriffs. Das aber,
was dazu gehört, um Gott zu sein, wodurch dieses sein Verhalten
und Verhältnis bewirkt wird, das ist für uns sein Wesen. Wir
erkennen nicht, wie es kommt, daß er ist, — das geht trotz aller
Ansprüche der Spekulation über menschliches Vermögen hinaus, —
aber wir erkennen, wie es kommt, daß er Gott ist, und damit,
wie es kommt und was das für uns austrägt, daß wir an ihn
gebunden sind.

Um dies nun so auszudrücken, wie es der in der Offen=
barung sich erschließenden Wirklichkeit Gottes entspricht und wie
es uns in den Stand setzt, die Eigenart seines Verhaltens, seiner
Bethätigung zu verstehen, ist es nicht genug, mit Ritzsch zu sagen,
Gott sei das unendliche persönliche Sein des Guten, oder mit
Herrmann, Gott sei der persönliche Wille des Guten. Beide
Formeln enthalten nichts Unrichtiges, aber treffen nur etwas,
nicht alles, und nicht das Wesentliche in der Offenbarung Gottes
in Christo, daß er gerade in dieser Weise die Wirklichkeit des
Guten ist und will, wie er es hier bethätigt. Sie lassen nicht
erkennen, daß gerade das und nur das das Gute ist, was uns
hier erscheint. Wir müssen deshalb unsere Aussage über das
Wesen Gottes enger und unmittelbarer an seine Offenbarung in
Christo anschließen. In ihr erscheint und bethätigt er sich als
der, der ganz Liebe ist, nicht etwa bloß Liebe hat und hegt,
sondern ist, das heißt, der alles, was er ist, für uns und mit
uns sein will und ist und uns für sich haben will, oder der ganz
darin aufgeht, für uns und in Gemeinschaft mit uns sein zu wollen
und zu sein. Das ist sein Wesen, das Innerste, das ihn erfüllt; so
ist er der, der unser Sein, unser Leben bedingt und bewirkt.
Wir kennen ihn nicht anders und haben ihn nicht anders als in
seinem auf uns gerichteten sich bethätigenden Willen, der unsere zu
sein, uns zu gehören, wie man einander gehört, oder in seiner Liebe.
Er will nicht ohne uns sein. Nur dadurch sind wir, nur dadurch hat
er uns erlöst. Darum gehört zu seinem Wesen sein Verhalten, und

die Bestimmtheit seines Verhaltens durch sein Wesen ergiebt seine
Eigenschaften, in denen sich der Unterschied Gottes von uns, von denen,
zu denen er sich verhält, in all den Beziehungen ausprägt, die durch
die Thatsache des Verhältnisses gesetzt sind. Sie sind also die in allen
Beziehungen, welche das Verhältnis zu uns mit sich bringt, für uns
und an uns sich bethätigende Unterschiedenheit Gottes von uns,
die Bestimmtheit seiner Erscheinung in seinem Verhalten durch
sein Wesen. Wenn aber das Verhalten und das Wesen Gottes
so zusammengehören, daß ersteres die vollendete Bethätigung seines
Wesens ist, so sind die Eigenschaften Wesenseigenschaften und wir
haben weder Veranlassung noch überhaupt die Möglichkeit, zwischen
Eigenschaften der „Abgezogenheit" und „Bezogenheit" oder der
Selbstbeziehung und Weltbezogenheit, oder zwischen ontologischen
und ökonomischen, transcenbenten und transeunten Eigenschaften
zu unterscheiden. Jede derartige wenn auch immer nur begriff-
liche Unterscheidung enthält nicht bloß keine Förderung oder Vertiefung unserer Gotteserkenntnis, sondern bewirkt eher eine
Schädigung derselben, indem es dann fast unmöglich wird, festzuhalten, daß es das Wesen und zwar das ganze Wesen Gottes
ist, welches in seiner Offenbarung sich uns dargiebt und sich dadurch erschließt. Wenn Gott sich ganz uns giebt und dadurch
von uns erkannt wird, als der ganz für uns ist und sein will,
so liegt jenseits seiner Offenbarung nichts mehr, wenngleich die
Ewigkeit nicht ausreicht, um alles auszuschöpfen, was er für uns
ist. Ist er aber alles, was er ist, für uns in seiner Offenbarung,
in seinem Verhalten, so eignen ihm auch überhaupt keine andern,
weder ontologischen noch ökonomischen Eigenschaften, als die wir
in seiner Offenbarung erkennen, zumal sein Wesen als Liebe es
mit sich bringt, daß er in jeder, durch das Verhältnis zu uns
gesetzten Beziehung und also in jeder Eigenschaft sein ganzes
Wesen bethätigt, oder daß in jeder Eigenschaft alle andern mitgesetzt sind. Ist dies aber der Fall, so kann auch weiter nicht
die Rede davon sein, daß die Summe der Eigenschaften das
Wesen Gottes bilde, — eine Auffassung, welche von völliger Ver-
ständnislosigkeit für den Begriff der Eigenschaften Gottes zeugen
würde. Die Eigenschaften Gottes entsprechen der Summe der
Beziehungen, welche das Verhältnis Gottes zu uns einschließt,
bilden aber nicht selbst eine Summe, die im Wege der Addition
das Wesen Gottes ergäbe, weil keine von ihnen etwas besonderes,

zu den andern Hinzukommendes ist. Deshalb kann von einer Summe derselben ebensowenig die Rede sein, wie von der Möglichkeit, daß die eine oder andere fehlen oder abgelegt werden oder auch nur quiescieren könne. Wir werden später sehen, daß z. B. der Gedanke einer Selbstbeschränkung Gottes im Verhältnis zur menschlichen Freiheit oder gar überhaupt zur Wirksamkeit kreatürlicher Kausalitäten völlig verfehlt ist. Die Eigenschaften Gottes können ebensowenig addiert wie subtrahiert werden, sondern bilden eine in sich geschlossene Einheit, für welche die Religion der Offenbarung den Begriff der Herrlichkeit Gottes geprägt hat. Sie sind in ihrer Einheit die Erscheinung des Wesens Gottes in der Mannigfaltigkeit seiner Bethätigung, wie sie das Objekt derselben mit sich bringt.

So ist es von der größten Bedeutung für den Begriff der Eigenschaften Gottes, daß Gott in seiner Offenbarung sich als Liebe bethätigt und erschließt. Wenn oben die Bestimmung, Gott sei das unendliche persönliche Sein oder auch der persönliche Wille des Guten, abgelehnt wurde, so geschah dies, weil die Anwendung des Begriffs des Guten zur Frage nach seinem Inhalte nötigt und weil nicht von vornherein zu sehen ist, inwiefern dieser Inhalt und das, was wir in der Offenbarung als das Wesen Gottes erkennen, nämlich die Liebe, nicht bloß zusammengehören, sondern zusammenfallen. Dagegen erkennen wir nun von der Offenbarung Gottes als Liebe aus, was das Wesen des Guten ist und werden dadurch der bekannten, völlig verkehrt gestellten Frage überhoben, ob etwas gut sei, weil Gott es wolle, oder ob Gott etwas wolle, weil es gut sei. In der Offenbarung seines Wesens als Liebe erschließt sich uns Gott als der, der nicht für sich, sondern ganz für uns sein will. Nicht als wenn er unser bedürfte, sondern dies ist seine ewige freie Selbstbestimmung. Solche Selbstbestimmung, nichts für sich, alles für und mit andern sein zu wollen, ist die vollendetste Selbstbejahung, solche Bethätigung vollendete Selbstbethätigung, vollendetes Leben, in welchem das Subjekt, das eigene Sein und Leben mit der Bestimmung und Bethätigung für andere zusammenfällt, so daß Leben vom Leben ausgeht, das Leben Leben wirkt und schafft. Sich nicht für andere wollen und bethätigen heißt auch sich selbst nicht ganz haben. Man hat sich selbst erst ganz und dadurch selbst erst vom Leben alles, was es ist, wenn man sich für andere will und hat, anderen zu gut. Sich andern versagen heißt andere nicht wollen, kein Leben außer sich sehen wollen, während Leben doch Leben begehrt, nach Leben strebt. Sich ohne andere wollen, ergiebt ein zweckloses, regungs= und bewegungsloses Leben, welches nicht bloß zu nichts und für niemanden gut ist, sondern welches in seiner Regungs= und Bewegungslosigkeit erstarrt, — ein totes Leben, ein Widerspruch mit sich selbst. Ganz für andere sein wollen und sein, das heißt erst ganz leben. Leben und für andere sein gehört zusammen. Letzteres ist Zweck und dadurch zugleich Bedingung des Lebens. So gehört zum Leben Lieben, denn in der Liebe ist das Leben erst vollkommen; in ihr erst ist es ein Gut für den, der es hat, und für die, für die er es hat, und so ist die Liebe das höchste Gut und das höchste Gute, denn gut ist nur das, was für uns gut ist, was zum Leben gut ist. Darum ist das Gute Lebensbedingung und Lebensbestimmung, und darum die Liebe Lebensbedingung und Lebensbestimmung, und die Liebe das Gute, — eine Erkenntnis, welche in der Anwendung auf uns, auf unsern Lebenszweck und unsere Lebensaufgabe, auf die Frage nach dem Gesetz unseres Lebens, vollkommen die Probe besteht. So ist der, durch den wir sind, durch den wir das erlöste Leben, das ewige Leben haben, indem wir ihn haben, und ohne den auch wir nicht sein, nicht leben, nicht bleiben würden, die ursprüngliche und ewige Wirklichkeit des Guten, weil er Leben und Liebe in eins ist, wie es nun durch ihn gewirkt auch in uns sein soll.

Diese Erkenntnis, die sich aus der Offenbarung Gottes in Christo, aus der Erkenntnis der Liebe als Gottes Wesen ergiebt, die Erkenntnis, daß die Liebe das Gute und darum Gott die ursprüngliche und ewige Wirklichkeit des Guten ist, läßt uns nun die Offenbarung in Christo verstehen; denn diese Offenbarung ist die Offenbarung und Bethätigung seines Gegensatzes gegen das, was uns verdirbt und zu Grunde richtet, gegen die Sünde, das Böse. Daß er diesen Gegensatz bethätigt und bethätigen muß, liegt in seinem Wesen, liegt darin, daß nur das Gute Wirklichkeit und Bestand haben kann. Daß er ihn in so wunderbarer, einzig= artiger Weise bethätigt, also das Wie der Bethätigung, hängt damit zusammen, daß er nicht wider uns, sondern für uns sein

will, was er ist. Dadurch aber sind wir nun imstande, den bis=
her gewonnenen wesentlich formalen Begriff der Eigenschaften
Gottes inhaltlich dahin zu vervollständigen, daß sie die Bestimmt=
heit der Erscheinung Gottes in seinem Verhalten durch sein
Wesen als Liebe sind, oder die Bestimmtheit seiner Erscheinung
in seinem Verhalten dadurch, daß in ihm die ursprüngliche und
ewige Wirklichkeit des Guten und die Richtung auf die Ver=
wirklichung des Guten eins sind, daß er das höchste Gute und das
höchste Gut ist.

II.

Ableitung und Ordnung der Eigenschaften.

Schlechterdings ausgeschlossen ist der Versuch, die Eigenschaften Gottes nach der Methode des Areopagiten via negationis, eminentiae und causalitatis zu gewinnen, nicht weil man, wie Kahnis sagt, damit die verschiedenartigsten Gottesbegriffe begründen kann, sondern weil auf dem Wege der Entschränkung des Weltgedankens überhaupt keine Gotteserkenntnis zu gewinnen ist, nicht einmal Erkenntnis dessen, der das Natur=Rätsel löst, geschweige denn die Erkenntnis des Gottes, der das eigentliche Welträtsel, das Rätsel der Geschichte löst. Wir kennen Gott durch sein thatsächliches Verhalten, durch seine Offenbarung, durch sein Handeln für uns und an uns, durch die Erlösung, die er uns anbietet. Wir kennen dadurch den, der Gott ist, wir erkennen ihn, wie er Gott ist; erst dadurch wissen wir, was Gott sein oder das Prädikat Gott eigentlich in sich beschließt, daß dasselbe etwas schlechthin Einzigartiges in sich befaßt, was nicht von anders woher erkannt werden kann. Wir wissen auch, daß die im Gewissen sich geltend machende, durch dasselbe dem Intellekt sich aufdrängende Gottesgewißheit noch keine Gotteserkenntnis ist, vielmehr erst dazu drängt, ihn zu suchen, ob man ihn fühlen und finden möchte. Es wäre darum im Grunde eine Verleugnung christlicher Gotteserkenntnis, den Weg des Areopagiten zu betreten, wenn nicht unwillkürlich als Ergebnis desselben hingestellt würde, was anderswoher gewonnen ist, so daß er im Grunde nur eine — allerdings sehr unzureichende — Methode ist, diese Erkenntnisse zu ordnen. Wir sind an die Offenbarung gebunden und haben aus ihr die Erkenntnis der Eigenschaften Gottes abzuleiten.

Wiederum aber kann von einer Ableitung aus der Offenbarung nicht in dem Sinne die Rede sein, daß wir aus dem in ihr sich erschließenden Wesen Gottes vermittelst logisch zwingender Gedankenentwicklung die Eigenschaften erhielten, in denen sich dies Wesen ausprägt. Ist dies nicht einmal der Naturwissenschaft für ihre Objekte möglich, so daß sie sich damit begnügen muß, die thatsächliche Beschaffenheit derselben im Zusammenhange mit ihrem Wesen zu begreifen, ohne aber sie erklären zu können, so gilt dies für die Erkenntnis des Gottes der Offenbarung in noch höherem Maße. Schon das Ergebnis der Offenbarung, die Erkenntnis des Wesens Gottes als Liebe verwehrt es uns. Denn wenn gleich Liebe und Liebesverhalten zusammengehören, so schließt doch auf der andern Seite das Wesen der Liebe, sich selbst für andere zu wollen, jeden Gedanken an Notwendigkeit aus; am allerwenigsten aber kann die thatsächliche Liebesoffenbarung, mit der wir es zu thun haben, als notwendige Folge davon, daß Gott die Liebe, die auf die Verwirklichung des Guten gerichtete ursprüngliche und ewige Wirklichkeit des Guten ist, angesehen werden. Sie ist aus der Liebe zu begreifen, aber nicht vermittelst logischer Schlußfolgerung daraus zu konstruieren. Liebe ist die höchste Freithat, die nur gedacht mag werden. Man muß nur unterscheiden zwischen der auch ohne Gottes Offenbarung uns bekannten Liebe des Naturzugs, des Affekts oder der Liebe als Naturmacht, der wir mehr oder weniger als einem Zwange unterliegen und in der wir zuerst den anderen für uns wollen, ehe wir uns für ihn wollen, und zwischen der Liebe, deren Wesen wir erst erkennen, wenn wir Gott erkannt haben, der Liebe, die sich ganz nur für den anderen will und der es möglich ist, auch da zu lieben, wo der Naturzug nicht bloß fehlt, sondern sogar entgegenwirkt. In diesem — im höchsten, ja im eigentlichen Sinne lieben, das heißt erst erst ganz Herr seiner selbst, seiner selbst mächtig, im vollsten Sinne frei sein. Das Bewußtsein um diese Freiheit der Liebe Gottes, die auch nicht einmal eine „göttliche Naturnotwendigkeit", d. h. durch das Wesen Gottes gesetzte Notwendigkeit für ihn ist, ist unabtrennbar von dem durch seine Offenbarung gewirkten, die Liebe selig hinnehmenden Glauben. Er schließt die für ihn unveräußerliche Gewißheit ein, daß Gott unser nicht bedarf. Obwohl Gottes Innerstes, sein ganzes Wesen ewig auf uns gerichtet ist, obwohl wir ihn uns garnicht anders denken sollen, als ganz und ewig für uns daseiend, — es ist doch durchaus seine Freiheit, durch nichts, nicht einmal durch ihn selbst, geschweige denn durch irgendwelche Vernunftnotwendigkeit — im Grunde also Naturnotwendigkeit — ihm abgenötigt, daß er für uns sein will und daß wir deshalb sein sollen, damit die Liebe ihr Objekt habe. Dies festzuhalten und sich immer wieder vorzuhalten ist für den Glauben so selbstverständlich, so notwendig, gehört so sehr zu seiner Seligkeit und seinem Frieden, daß diese vielmehr in dem Maße gestört und zerstört werden und der Glaube selbst in dem Maße aufgelöst wird, in welchem man, wenn auch nur im vermeintlichen Zusammenhange wissenschaftlichen Denkens, die Liebe Gottes unter Berufung auf die Identität von Freiheit und Notwendigkeit auf sittlichem Gebiete als Notwendigkeit aufzufassen sich bestimmen läßt. Gewiß ist es schwierig, die absolute Freiheit der göttlichen Liebe begrifflich festzuhalten, wenn sie doch als Liebe ein Objekt haben will, ohne daß wir sollen sagen dürfen, sie muß es haben, sie fordert es, weil es der Begriff verlangt. Diese Schwierigkeit steigert sich, wenn wir erkennen, daß wir ewig das Objekt der Liebe Gottes sind, oder noch bestimmter, daß es das sich uns kund gebende Wesen Gottes ist, sich selbst ewig nicht für irgend Jemanden, nicht in abstracto für irgend ein anderes mögliches Objekt, sondern ganz für uns und nur für uns zu wollen und zu sein. Daß das nur Freiheit sein und auch nicht einmal für das Denken als Notwendigkeit erscheinen soll, darin liegt eine unbestreitbare Schwierigkeit, die uns jedoch nur bestimmen darf, uns des überwiegenden Grundes bewußt zu bleiben, der uns nötigt, trotz des entgegenstehenden Scheines die Thatsache dieser Freiheit in ihrer Paradoxie rückhaltlos anzuerkennen. Denn das gehört allerdings zur Gotteserkenntnis, daß man bereit ist, seine Erhabenheit über jedes Gesetz, über das Sittengesetz, das Naturgesetz und das logische Gesetz anzuerkennen als eine Erhabenheit, die trotzdem keine Verneinung, vielmehr eine Bestätigung alles dessen, was Gesetz ist, für das Gebiet, innerhalb dessen es Gesetz ist, einschließt.[1]) Denn Gesetz giebt es nur für das Gebiet des bedingten Seins, nicht für den, der alles bedingt, am wenigsten für den, der alles so bedingt, wie wir es durch die

---

[1]) Nachdem von unverdächtiger Seite für die Offenbarung Gottes der Begriff des „übervernünftigen" geprägt worden, wird man wider das Gesagte nicht den Vorwurf einer Erneuerung des scotistischen Gedankens von dem willkürlichen Willen Gottes erheben können.

Offenbarung Gottes in Christo erkennen. Haben wir doch auf
unserm eigenen Lebensgebiet ein Analogon. Wenn die Liebe sagt:
ich muß, so kann der Geliebte doch nicht sagen: du mußt, sondern
höchstens: ich muß mich dankbar lieben lassen. Wenn aber die
göttliche Liebe sagt: ich muß, wie dort Jesus, als er Zachäus
sah, so dürfen wir darum erst recht nicht von einer Notwendigkeit
für sie reden, weil unser Liebenmüssen doch noch ganz anders ist,
als das freie Muß der göttlichen Liebe. Unser Liebenmüssen
ist notwendig, weil es die Bedingung unsres von Gott gesetzten,
unsres bedingten Daseins ist und wir zu Grunde gehen, wenn
wir uns über sie hinwegsetzen. Wir sind verpflichtet zu der Liebe,
die sich selbst verpflichtet. Die Selbstverpflichtung Gottes aber
schließt das Verpflichtetsein aus. Wir haben unser Leben zu dem
Zweck und deshalb unter der Bedingung, daß auch bei uns leben
und lieben eins sei, — von Bedingung kann bei dem nicht die
Rede sein, der alles bedingt. Die Beschränkung der Begriffe
Gesetz und Notwendigkeit auf das Gebiet des geschöpflichen Seins
und Lebens ist das erste, was nicht außer acht gelassen werden darf.

Völlig klar wird diese absolute Freiheit der göttlichen Liebe
und die Unmöglichkeit, aus dem Begriffe derselben die Eigenart
ihres Verhaltens oder ihre Eigenschaften — denn alle Eigenschaften
Gottes sind nur Eigenschaften der Liebe, die sein Wesen ist, —
vermittelst gesetzmäßigen Gedankenfortschritts abzuleiten, wenn wir
die Wirklichkeit ins Auge fassen, in der sie sich uns darbietet, ihre
Offenbarung in Christo. Schon die Thatsache der göttlichen Liebe
ist das Gegenteil dessen, was die Erforschung des Zusammenhangs
der Dinge bis dahin gefunden. Man erinnere sich nur an den
Ausspruch des Aristoteles, die Gottheit sei nicht da um zu lieben,
sondern um geliebt zu werden. Das aber, was diese Liebe thut,
das Wie ihrer Selbsterweisung ist noch weit mehr als nur das
Gegenteil aller bisherigen vermeintlichen oder wirklichen Ergebnisse
der Forschung. Das Handeln dessen, der die Liebe ist, ist geradezu
das Gegenteil aller gedanken= und gewissensmäßigen Konsequenz,
aller logischen und sittlichen Folgerichtigkeit, ist die wunderbarste
Bethätigung der Erhabenheit Gottes über alles, was Gesetz heißt,
sei es Naturgesetz, Vernunftgesetz, Gewissensgesetz oder „geoffenbartes
Gesetz“. Nicht in dem Sinne erhaben, weil sie hinausgeht über
alles, was ohne solche Offenbarung gedacht werden könnte, sondern
weil sie auch, nachdem sie offenbar geworden, stets als das Gegen=

teil deſſen erkannt und erlebt wird, was wir als folgerichtig fort und fort anerkennen müſſen.

Wäre es freilich an dem, daß wir, wie Kaftan will, die Er- ſcheinung Chriſti primär „unter den Geſichtspunkt der Vollendung der Menſchheitsentwicklung" und nicht unter den der Wiederher- ſtellung des gefallenen Menſchen zu ſtellen hätten, ſo beſtände die Erhabenheit der Liebe Gottes nicht in dieſem Gegenſatze zu aller vernunft= und gewiſſensmäßigen Folgerichtigkeit, ſondern vielmehr gerade in der großartigen für unſere Beſchränktheit kaum denkbaren Folgerichtigkeit des göttlichen Verhaltens. Der Gegenſatz, in dem ſich dieſe Erhabenheit der göttlichen Liebe bethätigt, wäre dann nur der Gegenſatz zu der Beſchränktheit und den Irrtümern unſerer Gottesvorſtellungen, denen wir ohne die Offenbarung der Liebe unterworfen geblieben wären und denen wir nun zu entſagen hätten. Die Beſchränktheit unſerer Gedanken und Vorſtellungen von Gott iſt freilich eine unbeſtreitbare Thatſache. Damit iſt aber nicht geſagt, daß die Offenbarung der Liebe Gottes nur mit unſrer Auffaſſung von Folgerichtigkeit, nicht mit dem, was wirklich ver- nunft= und gewiſſensmäßige Folgerichtigkeit iſt, in Gegenſatz ſtehe. Im Gegenteil: die Offenbarung ſelbſt beſtätigt nicht bloß das Recht unſrer gewiſſensmäßigen Auffaſſung von Folgerichtigkeit, ſondern macht uns dieſelbe ſogar zur Pflicht, erweckt und bewirkt die Er- kenntnis und Anerkennung deſſen, was im Unterſchiede von der Liebesoffenbarung eigentlich folgerichtig wäre. Die Liebesoffen- barung in Chriſto fordert und bewirkt erſt recht ein folgerichtiges ſittliches Denken, wie wir es ſonſt garnicht wagen und nicht wagen können, ohne zu verzweifeln. Ihr Zweck, ihr Inhalt, ihre Be- deutung wird gerade dem klar, der ſich durch ſie nötigen läßt zu folgerichtigem Urteil. Sie wird als Gottesthat unendlicher Liebe erkannt an ihrem Gegenſatze zu dem, was eigentlich folge- richtig wäre. Das grade bringt ihr Gegenſatz zur Sünde mit ſich. Geahnt wird das, was folgerichtiges Verhalten Gottes wäre, auch außerhalb des Gebietes der Offenbarungsreligion in der Heiden- welt dort, wo das Gewiſſen ſich regt und den Menſchen nötigt, wider ſich ſelbſt zu zeugen und ſich ſeine Gerichtsverhaftung zu bezeugen. Sobald aber die Gottesoffenbarung in Chriſto uns berührt und mit uns zu handeln, auf uns einzuwirken beginnt, ſobald wird die Selbſtdarbietung der göttlichen Liebe nicht bloß als die ſtärkſte Bejahung des Gewiſſenszeugniſſes von unſrer wirklichen

Gerichtsverhaftung und damit zugleich als das Gegenteil des folgerichtigen Gerichts erfahren, — sie erweckt vielmehr dieses Gewissenszeugnis auch dort, wo es verstummt ist, nötigt zu rücksichtsloser Selbstbezeugung des Gerichts in der Erkenntnis unserer Sünde, und damit zu der Anerkennung, daß die Gnaden=darbietung das Gegenteil aller Folgerichtigkeit sei. Es ist eine allgemein zugängliche Erfahrung, daß der Glaube an die Gnade in demselben Maße unlebendig und unkräftig wird, in welchem man ihren Gegensatz zur Folgerichtigkeit verkennt oder vergißt.

Weder vom Standpunkte der göttlichen Liebe noch von dem des Menschen und seines Verhaltens aus angesehen kann die Offen=barung Gottes in Christo, die Erlösungsoffenbarung, unter den Gesichtspunkt der Folgerichtigkeit gebracht werden. Ersteres ist um so weniger möglich, als die Liebe, die die Erlösung darbietet, garnicht auf das Gericht verzichtet, sondern es nur in andrer über die Folgerichtigkeit erhabener Weise ausübt. Überdies widerstreitet es dem Wesen der Liebe, wenn sie von denen, denen sie gilt, unter den Gesichtspunkt der in ihr selbst begründet sein sollenden Folgerichtigkeit gebracht wird. Das ist eine Entwertung derselben, durch welche das, was sie wirkt und wirken will, ebenfalls ent=wertet wird. Die Liebe Gottes fordert von denen, denen sie sich darbietet, ein ihr entsprechendes folgerichtiges Verhalten, — das Verhalten des dankbar hinnehmenden Glaubens. Es ist dem Glauben wesentlich, die Liebe Gottes als völlig frei, als völlig unbedingt, als auch nicht einmal durch den „mit dem Selbstzweck Gottes zu=sammenfallenden Weltzweck Gottes" bedingt anzusehen. Nicht ein=mal menschliche Liebe verträgt die Anwendung des Gesichtspunkts der Folgerichtigkeit. Was aber dem Glauben widerstreitet, wider=streitet auch der Glaubenswissenschaft, solange sie Glaubenswissen=schaft bleiben will. Darum ist sie nicht in der Lage, einen andern, Gesichtspunkt, etwa auch nur in zweiter Reihe geltend zu machen, als den der Glaube selbst anwendet, noch dazu einen Gesichtspunkt den der Glaube im Interesse seiner ungeschädigten Selbsterhaltung mit instinktivem Widerwillen zurückweist.

Die Liebe Gottes ist erhaben über das Gesetz der Folge=richtigkeit, — darum kann sie erlösen. Aber ihre Erhabenheit besteht ebensowenig darin, daß sie eine höhere Folgerichtigkeit an die Stelle unsrer beschränkten Auffassung setzt, wie darin, daß sie

das Gesetz der Folgerichtigkeit verneint für das Gebiet, dem es
gilt. Im Gegenteil: indem sie sich erlösend uns zuwendet und so
auch nicht einmal uns dem Gesetz der Folgerichtigkeit überlassen
will, unter dem wir leiden, bestätigt sie dieses Gesetz als so
zwingend und bindend, daß nur sie, nicht wir, imstande sind, uns
von demselben zu befreien. Sie enthüllt uns nicht, daß der
Sünder, der unter dem Zorne Gottes seufzt, im Irrtum sei, denn
„wer dem Sohn nicht glaubt, über dem bleibt der Zorn Gottes.“
Nur eine von des Gedankens Blässe angekränkelte Reflexion, die
das Verhalten Gottes an das Gesetz wissenschaftlicher Folgerichtigkeit binden will, um den Sünder von dem, was für ihn folgerichtig ist, zu befreien, kann es versuchen, das Seufzen des Sünders
unter dem Zorn Gottes umzudeuten in die „Sünde“ oder den
„Irrtum des Schuldbewußtseins.“ Auch diese Sünde kennt der
Christ, aber als die Sünde Kains, nicht als den Irrtum oder gar
die Sünde dessen, der Vergebung sucht und für Zorn Gottes hält,
was nur seine Sünde ist. Das Zugeständnis aber, daß die Sünde
allerdings das Gericht nach sich ziehen würde, wenn der Sünder
wider Erwarten trotz der Offenbarung der Liebe in der Sünde
verharre, verkennt, daß diese Bedingung des Verlorengehens erst
auf Grund der Erlösung gilt, nicht aber darin ihren Grund hat,
daß die Sünde überhaupt erst dieser Steigerung bedürfe, um den
Sünder folgerichtig dem Gericht zu überliefern. Wird es anerkannt, daß gerade die Erlösungsoffenbarung erst völlig die Augen
öffne über die Sünde, so ist es nicht mehr folgerichtig, daß diese
Erkenntnis sich nicht beziehen soll auf die gegenwärtige Sünde
und auf den Sünder, wie er sich der Liebe Gottes gegenüber vorfindet, sondern auf die Sünde, die vor ihm liegt, auf das, was
aus seiner Sünde noch erst werden kann. Folgerichtig ist der
Sünder, wie die Liebe Gottes ihn vorfindet und wie er sich selbst
in ihrem Lichte vorfindet, dem Gericht verhaftet, wird ihm nicht
erst verfallen, sondern ist ihm verfallen, und wird ihm nunmehr
verfallen bleiben oder wieder verfallen, wenn er die sich ihm darbietende rettende Liebe verschmäht. Die Berufung auf die Verbindung von Sünde und Irrtum ändert daran um so weniger,
als auch die Sünde des Irrtums nicht bloß der Vergebung,
sondern wie Jesus selbst am Kreuze bezeugt, der Bitte um Vergebung bedarf, und zwar — damit diese Bitte nicht mißdeutet
werden möge als die Form, welche sich die Sündenerkenntnis und

die Abwendung des Willens von der Sünde unwillkürlich gebe,
— der Fürbitte!

Ist dies richtig, daß die Offenbarung in Christo weder vom
Standpunkt Gottes aus noch unter dem Gesichtspunkt ihres Verhältnisses zu unserm Verhalten folgerichtig ist, daß sie vielmehr
durchaus das Gegenteil aller Folgerichtigkeit ist, so muß man
freilich darauf verzichten, die Erscheinung Christi „primär unter
dem Gesichtspunkte der Vollendung der Menschheitsentwicklung" anzusehen. Die Einsetzung des Entwicklungsgedankens, welcher überhaupt das Verständnis der Offenbarungsreligion auf jeder Stufe
verdirbt, verkennt das in der Geschichte aller Zeiten bis auf die
Gegenwart genau wie in der Geschichte jedes Einzelnen vorliegende
thatsächliche Ergebnis der „Entwicklung". Sie verkennt das Welträtsel, welches die Offenbarung, die sonderliche Bethätigung der
Liebe Gottes veranlaßt, das Rätsel der Geschichte: wie kann
eine Welt bestehen und was soll aus einer Welt werden, die an
sich selbst zu Grunde geht? Das ist das Wesen der Offenbarung
Gottes in Christo, daß Gott sich in Gegensatz stellt zu dieser
„Entwicklung", einer Entwicklung nach unten hin, nicht nach oben.
So lange es dabei bleibt, daß Christus selbst sich und seinen Zweck
richtig verstanden und zum Ausdruck gebracht hat und nicht wie
andre einer Korrektur seines Selbstbewußtseins und Selbstzeugnisses
durch das Geschichtsverständnis der Epigonen bedarf, so lange
bleibt es dabei, daß er gekommen ist, das Verlorene zu suchen
und zu retten, die Sünder zu rufen und nicht die Gerechten. So
lange bleibt es dann aber auch dabei, daß er nicht gekommen ist,
am entscheidenden Punkte die Weiterführung der „Entwicklungsgeschichte" zur Vollendung zu ermöglichen. Das ist eben der große
Ernst der göttlichen Erlösungsthat, daß der Verlorene nun nicht
verloren zu bleiben braucht und daß deshalb seine Verantwortung
um so größer ist. Trotzdem und dennoch — das ist das Kenn-
zeichen der Erlösungsoffenbarung, die nur durch diese ihre Paradoxie Glauben wirkt und die nur in dieser ihrer Paradoxie als
das Gegenteil aller und jeder Folgerichtigkeit geglaubt werden kann.
Jeder Versuch ist verhängnisvoll, der es unternimmt, diese Paradoxie -- wenn auch nur für das wissenschaftliche Denken — zu
mindern und an die Stelle derselben die bewundernswürdige Groß-
artigkeit und Einfachheit der Lösung des Welträtsels durch das
folgerichtige Verhalten Gottes zu setzen, dessen Erkenntnis uns

nunmehr sogar die Führung eines wissenschaftlichen Beweises für das Dasein Gottes ermöglichen soll. Jeder derartige Versuch verführt mit innerer Notwendigkeit, wenn auch nicht sogleich den, der ihn unternimmt, wohl aber die, auf die er wirkt, zu einer Unterschätzung des Gegensatzes Gottes zur Sünde und verstrickt nur immer fester in den Zusammenhang der „Entwicklungsgeschichte" mit ihrem Endergebnis des letzten Tages.

Es bleibt dabei, daß die Offenbarung Gottes in jedem Betracht das Gegenteil aller vernunft= und gewissensmäßigen Folgerichtigkeit ist, Offenbarung dessen, den nicht einmal die Sünde der Menschen zu bloß folgerichtigem Handeln nötigt. Nur darum können wir an ihn glauben, kann unser Glaube „auch Hoffnung zu Gott sein". Dann müssen wir aber auch vollständig auf den Versuch einer folgerichtig verfahrenden Ableitung seiner Eigenschaften aus seinem Wesen verzichten. Seine Erhabenheit über das für das Gebiet des geschöpflichen Seins geltende Gesetz der Folgerichtigkeit verträgt das nicht. Wenn man neuerdings der „theologischen Spekulation" der Propheten einen sehr wesentlichen Anteil an der „Entwicklung der Offenbarungsreligion" zugeschrieben hat, so verkennt man, daß die theologische Spekulation noch nie etwas von Gott entdeckt hat. Der Glaube hat es längst gehabt, ehe die theologische Spekulation sich seiner bemächtigt hat, und der Glaube hat es als Gabe von Gott, als Offenbarung, die ihn gewirkt hat, — auch der Glaube der Propheten. Nicht durch Entdeckungen, sondern durch Offenbarung wird der Glaube gewirkt, und zwar durch Offenbarung, welche nicht bedingt ist durch irgend welche Fortschritte der Entwicklung, sondern, wie Israels Geschichte und die Erscheinung Christi zeigt, nach der göttlichen, aller Folgerichtigkeit spottenden Regel: „wo die Sünde mächtig geworden ist, da ist die Gnade noch viel mächtiger geworden."

Wir sind deshalb darauf angewiesen, die „Ableitung" der Eigenschaften Gottes darauf zu beschränken, daß wir unsre Aussagen über die Eigenart des göttlichen Verhaltens durchaus nur aus diesem Verhalten selbst erheben. Dies ist die wissenschaftlich allein zulässige Methode. Für diejenigen Eigenschaften Gottes, welche uns nur durch seine Offenbarung kund werden — also z. B. für die Eigenschaft der Heiligkeit, — wird dies leicht zugestanden werden. Aber auch außerhalb des Gebiets der Offenbarungsreligion weiß man von Eigenschaften der Gottheit, welche

mit dem Begriff der Gottheit gesetzt, in dem Prädikat Gott ent=
halten sind. Die Frage ist also, ob wir nicht wenigstens für diese
Eigenschaften auf den Weg der Ableitung aus dem Gottesbegriff
gewiesen sind, so daß wir dann eine doppelte Reihe von Eigen=
schaften erhielten, die einen, die sich aus dem auch den Heiden
bekannten Gottesbegriff ergeben, für die wir deshalb nicht der
Offenbarung bedürfen, die andern, die uns nur durch Offenbarung
kund werden. Damit wären wir wieder bei einer zwiefachen
Quelle der Gotteserkenntnis und einer gemischten Methode ihrer
Darstellung angelangt. Allein man vergißt, daß auch das Prädikat
Gott, der Gottesbegriff, erst seinen wirklichen Inhalt erhält durch
das Subjekt, dem allein es zukommt, der sich als der „allein wahre
Gott" in seiner Offenbarung bethätigt und dadurch uns erschließt,
was Gott sein heißt. Aus dem Gottesbegriff allein, abgesehen
von seinem Subjekt, dem Vater unseres Herrn Jesu Christi, er=
geben sich nur ganz abstrakte Aussagen über die Allmacht, Allgegen=
wart u. s. w., Aussagen, welche alle in Problemen endigen, ohne
eins zu lösen. Uns ist daran gelegen, die Allmacht, Allgegenwart,
Allwissenheit, Ewigkeit und Unveränderlichkeit dessen zu erkennen,
der dies alles in seiner Offenbarung in Christo bethätigt. Diese
Bethätigung, auf die es allein ankommt und von der alle weitere
Erkenntnis abhängt, ist aber in keiner Weise gedankenmäßiges
Ergebnis des Begriffes der der Welt schlechthin übergeordneten
Macht. Allmacht z. B. bleibt wie der Gottesbegriff selbst ein bloßer
Formalbegriff, so lange man nicht weiß, wer sie besitzt und wie er
sie ausübt und ausüben will. Nur dann weiß der Glaube, wessen
er sich von ihr zu versehen hat. Dies aber kann nur aus der
wirklichen Bethätigung Gottes in seiner Offenbarung erkannt
werden. Darum sind wir auch für diese Eigenschaften darauf an=
gewiesen, sie aus der Offenbarung zu verstehen. So erst gewinnen
wir die christliche Erkenntnis, die christliche Lehre von den Eigen=
schaften Gottes.

Damit ist nun weiter gegeben, daß die Darstellung nicht be=
ginnen kann mit den Eigenschaften, welche in dem Gottesbegriff
oder dem gottheitlichen Prädikat enthalten sind. Gilt es auch für
sie, daß in jeder Eigenschaft alle andern mitgesetzt sind, und ist
darum ihre Äußerung, ihre Bethätigung inhaltlich bestimmt durch
das, was uns erst die Offenbarung erschließt, so daß es z. B.
für die Allmacht wesentlich ist, daß sie die Allmacht des heiligen

Gottes oder die Allmacht der heiligen Liebe ist, so hat die Dar=
stellung mit den überhaupt erst durch die Offenbarung kund
werdenden Eigenschaften zu beginnen. Diese bilden die erste Reihe.
Daran schließen sich dann die Eigenschaften, welche in dem gott=
heitlichen Prädikat enthalten sind und welche dadurch erst inhalt=
lich bestimmt werden, daß sie mit dem Prädikat der Gottheit nur
Wirklichkeit haben als Eigenschaften des Gottes der Offenbarung.
So erhalten wir die zweite Reihe: die in dem Gottesbegriff ent=
haltenen Eigenschaften im Lichte der Offenbarung. Die Angemessen=
heit dieses genetischen Verfahrens dürfte so einleuchtend sein, daß
es einer Kritik andrer Methoden z. B. der Einteilung in Eigen=
schaften des göttlichen Seins, Wissens und Wollens nicht mehr
bedarf. Die Unterscheidung zwischen Eigenschaften, „wie sie aus
der Schöpfung und Erhaltung", solchen „wie sie in seiner Welt=
regierung erkannt" und endlich solchen, „wie sie aus seiner Vor=
sehung offenbar werden" (H. Schulz), also die Unterscheidung
verschiedener Gebiete für die Bethätigung der Eigenschaften wider=
spricht der Erkenntnis, daß in jeder Eigenschaft die andern mitgesetzt
seien und widerspricht der Thatsache, daß in der Offenbarung sich
das ganze Wesen Gottes bethätigt und erschließt. Daß und wes=
halb von der Unterscheidung ontologischer und ökonomischer, trans=
cendenter und transeunter Eigenschaften abgesehen werden muß, ist
schon oben ausgeführt.

Die in der Offenbarung sich erschließenden Eigenschaften Gottes.

1. Die Heiligkeit Gottes.

Die Offenbarung Gottes in Christo ist die vollendete Offenbarung seiner Liebe. Er ist die Liebe für uns, die Sünder. Dies ist so wunderbar, so sehr das Gegenteil alles Selbstverstandes, aller vernunft- und gewissensmäßigen Folgerichtigkeit, daß nicht bloß Offenbarung dazu gehört, um es auch nur denken zu können, sondern vor allem, daß etwas Besonderes dazu gehört, um es glauben zu können. Dies Besondere ist die Erfahrung, daß wir es in dieser Offenbarung mit der vollendeten Bethätigung des Gegensatzes Gottes gegen die Sünde, gegen unsre Sünde zu thun haben, daß wir darin diesen Gegensatz erleben. An diesem Gegensatz wird Gott von uns erkannt. Darin liegt die verpflichtende und zugleich überzeugende Kraft seiner Offenbarung. Wir sehen uns verpflichtet, uns dem zu beugen, der diesen Gegensatz uns zu fühlen giebt, so daß wir im tiefsten Innern durchleben müssen, was der, der ganz für uns ist und sein will, gegen uns hat. Da aber gerade die erbarmende Liebe es ist, die dies bewirkt, so sehen wir uns berechtigt, ja nicht bloß berechtigt, sondern wiederum verpflichtet, an sie zu glauben. Denn nun würde es nur heißen, sich jenem Erleben und Durchleben seines Gegensatzes gegen unsere Sünde entziehen, wenn wir nicht glauben wollten. Sich diesem Erleben und Durchleben nicht entziehen und doch nicht verzagen, sondern trauen, ist die Eigenart des christlichen Glaubens.

So schließt sich in der Offenbarung Gottes Gericht und Gnade in wunderbarer Weise zusammen. Nicht so, daß die Erweisung der Gnade folgen soll, wenn das Gericht seinen Zweck, den Zweck

unfrer Bekehrung erreicht hat. Aber auch nicht so, daß es nun
hieße: entweder Gnade oder Gericht, so daß ein und dieselbe Liebe
je nach der Verschiedenheit unfres Verhaltens sich verschieden be=
thätigte. Das Entweder=oder, vor welches sie uns stellt, lautet:
entweder Gnade und Gericht oder nur Gericht. So tritt uns
die rettende Liebe in Christo entgegen. Man kann nicht wirklich
an ihn glauben, mit gutem Gewissen glauben, ohne sich dem ganzen
richtenden Gegensatz gegen unsere Sünde zu öffnen und hinzugeben,
der von seiner Person in ihrer Sünderliebe ausgeht. Jede Halb=
heit, jeder Mangel, jeder Vorbehalt in dieser Beziehung hindert
den Glauben. Dieser Gegensatz wird schon in seinen Worten
vernommen und empfunden; was seine Worte empfinden lassen,
wird verstärkt durch den Eindruck seiner Person, daß er und er
allein es ist, „der von keiner Sünde wußte.“ Dann drängt die
Bethätigung seiner göttlichen Macht und Herrlichkeit in seinen
Wunderwerken dem Petrus die uns nur zu verständlichen Worte
auf die Lippen: Herr, gehe von mir hinaus, denn ich bin ein
sündiger Mensch! Die tiefste und durchbringendste, fast möchte
man sagen vernichtendste Erfahrung aber geht von der Beweisung
seiner Liebe aus, welche duldet, leidet, fürbittet und stirbt, nur
um uns nicht aufzugeben, und so uns zuruft: doch nicht verloren!
Von dieser Liebe, vom Kreuze Christi geht erst völlig die Kraft
aus, die uns ganz erleben läßt, was es mit unfrer Sünde auf
sich hat, und so vereinigt sich in ihr Gericht und Gnade, — von
der Gnade geht das Gericht aus. Daß das aber wirklich der
gerichtliche Gegensatz Gottes gegen uns und unsere Sünde ist, daß
wir so erleben, was Gott gegen uns hat, wird dadurch deutlich,
daß das Gericht, welches sich schließlich an dem vollzieht, der dieser
Liebe den Glauben versagt hat, nichts anderes ist, als was auch
der Glaubende erlebt, dem sie zur Rettung geworden ist und was
er bleibend erlebt von der „züchtigenden Gnade,“ nur daß der Un=
gläubige sich ihrer richtenden Gewalt hat erwehren und entziehen
wollen. Denn was er schließlich erleben muß, ist dasselbe, was
er jetzt nicht hat durchleben wollen und weshalb er die rettende
Gnade zurückgewiesen hat. Der Glaubende erlebt Gnade und
Gericht, Gericht und Gnade, Gericht durch Gnade, der Verlorene
nur Gericht.

Diese Einheit von Gericht und Gnade in der Offenbarung
Gottes in Christo, ist die vollendete Bethätigung des Gegensatzes

Gottes gegen die Sünde, und da dieser Gegensatz es ist, an dem
Gott erkannt wird und in welchem die verpflichtende Kraft seiner
Offenbarung beruht, so steht er in unserer Gotteserkenntnis an
erster Stelle. Wer seiner Anerkennung sich entzieht, gewinnt weder
Erkenntnis noch Erfahrung der Liebe, die das Wesen Gottes ist,
deren erste Eigenschaft also eben diese Einheit von Gericht und
Gnade ist. Dies ist die Eigenschaft der Heiligkeit
Gottes — sein in der Einheit von Gericht und Gnade sich be-
thätigender Gegensatz gegen die Sünde.

Wir begreifen, daß diese Eigenschaft Gottes nur dort erkannt
werden kann, wo er sie bethätigt oder sich offenbart. Denn in der
Konsequenz des Gedankens Gottes liegt sie nicht, und das Ergebnis der Entwicklung und Pflege des im Gewissen empfundenen
religiösen Bedürfnisses kann diese Erkenntnis ebensowenig sein, da
dieses Bedürfnis als Bedürfnis nach Gnade, nach Vergebung nur
durch eine sonderliche That Gottes befriedigt werden kann. Daher
verstehen wir es, daß vor der Offenbarung Gottes in Christo nur
Israel diese Eigenschaft kannte, weil es den kannte, der sich an
ihm so bethätigte und bethätigen wollte. Nur Israel redete von
Heiligkeit Gottes, kein anderes Volk.[1]) Israels Religion ist die
Offenbarungsreligion auf ihrer vorchristlichen Stufe, und als solche
Produkt — nicht Produzent — der Offenbarung. Grundzug der
Religion Israels ist das Bewußtsein um die Heiligkeit Gottes,
und dadurch legitimiert sie sich als Offenbarungsreligion, daß sie
den Gott kennt und auf den Gott traut und hofft, dessen Offenbarung den Zweck seiner Selbstbethätigung gegen die Sünde in retten-
der Liebe hat.

Dem ist nicht entgegen, daß die Offenbarung im Alten Bunde
noch nicht vollendet ist. Im Gegenteil begründet gerade die Erkenntnis und Erfahrung der Heiligkeit Gottes die Hoffnung Israels
auf ihre vollendete Bethätigung in der messianischen Zukunft.
Deshalb ist „der Heilige Israels“ der Name, an den sich die Er-
lösungshoffnung knüpft, und deshalb ist die Behauptung, die
Heiligkeit Gottes sei eine wesentlich alttestamentliche Vorstellung,
die der neutestamentlichen Gotteserkenntnis nicht mehr entspreche

---

[1]) Hierfür wie für die folgenden Ausführungen darf ich auf die Untersuchung des biblischen Begriffs der Heiligkeit in meinem biblisch-theologischen
Wörterbuch der neutestamentlichen Gräcität, 8. Auflage, S. 84 ff. verweisen,
woselbst auch die Litteratur angegeben ist.

(Diestel, Ritschl), von vornherein nicht wahrscheinlich. Der dafür
angetretene Beweis, daß in den neutestamentlichen Schriften die
Heiligkeit nur noch selten und wesentlich nur noch in alttestament=
lichen Citaten und Reminiscenzen als Prädikat Gottes erscheine, ist
nicht stichhaltig. Richtig ist, daß außer 1 Petr. 1, 15 (nach
Lev. 11, 44; 19, 2), Luk. 1, 49 (nach Pf. 99, 3; 111, 9), Apok.
4, 8 (aus Jef. 6, 3) nur noch Joh. 17, 11; 1 Joh. 2, 20:
Apok. 6, 10 Gott als der Heilige bezeichnet wird, und diese Er=
scheinung hat allerdings zuerst etwas Befremdendes. Das Befremden
aber hebt sich durch die Beobachtung, daß dafür heilig das ständige
Prädikat des „heiliges Geistes" ist, des Geistes, dessen „Ausgießung"
die eigentliche Erfüllung der messianischen Verheißung, das eigent=
liche messianische Heilsgut ist, vgl. Act. 1, 4 mit Luk. 11, 13;
Matth. 7, 11; Röm. 14, 17. In dem heiligen Geiste ist das
Innerste Gottes (1. Kor. 2, 11) gegenwärtig, — in ihm haben
wir die Heilsgegenwart Gottes auf Erden. Er ist wirksam, wo
das Heil Gottes verkündigt wird, so daß wir das Wort nicht
anders vernehmen als so, daß darin Gott selbst als der Gott des
Heiles mit uns handelt. Er ist es, durch den die Offenbarung
Gottes in Christo für uns nicht eine bloße Thatsache der Geschichte,
der Vergangenheit, sondern im vollsten Sinne Gegenwart ist, der
historische Christus der lebendige, uns gegenwärtige Christus, der
„gestern, heute und in Ewigkeit derselbe ist," nicht bloß, als wäre
er uns gegenwärtig, sondern wirklich uns gegenwärtig. Er ist es=
durch den und in dem alle Offenbarung Gottes, auch die alt,
testamentliche, eine Offenbarung ist, in der Gott nicht bloß für
uns sich bethätigt hat, sondern erlebt wird als der, der heute mit uns
handelt. Der heilige Geist, der Geist der Gegenwart Gottes ist
es, der in uns den Glauben wirkt, indem wir inne werden, daß in
dem Wort der Verkündigung Gott mit uns handelt und daß
dieses Handeln Gottes mit uns ein Handeln dessen ist, der uns
nicht verloren sein lassen will, sondern uns geliebt hat und lieb
hat. Er ist es, der uns unsrer Sünde überführt und die Ver=
gebung zueignet, — der uns die Führungen Gottes, welche unser
Leben in Güte und Ernst gestaltet haben und gestalten, erkennen
macht und der uns bezeugt, daß das die Erlösung, unsre Erlösung
sei, daß Jesus Christus gekommen ist, daß ihn haben sei Ver=
gebung der Sünden haben, daß wir an Christus gebunden seien
für Zeit und Ewigkeit, und daß, wer sich an ihn binden lasse,

durch ihn, den heiligen Geist, ein Kind Gottes oder bei Gott in Gnaden sei. So vollzieht sich alle Heilswirksamkeit Gottes in der Welt seit jenem Pfingsttage durch den heiligen Geist, den Geist der Heilszueignung, und was wir von Gott erleben, erleben wir durch ihn. Er wirkt Buße und Glauben, er bringt uns die Vergebung, die Rechtfertigung, er ist die Kraft der züchtigenden Gnade, er ist es, der uns verpflichtet und befähigt, durch ihn des „Fleisches Geschäfte zu töten," durch den wir rufen Abba Vater, durch den wir „stark werden an dem inwendigen Menschen," durch den wir allein in der Versuchung bestehen und in der Anfechtung überwinden können, — kurz, in ihm erleben wir Gott und zwar Gott in seiner erlösenden Liebe, Gott in der vollendeten Bethätigung seines Gegensatzes gegen die Sünde. Die Stätte aber, wo Gott so erlebt wird und von der aus ihn die Welt erleben soll, ist die Gemeinde derer, die durch ihn gesammelt sind zur Gemeinde Gottes, zur Gemeinde der Heilsgenossen, die da ist eine Behausung Gottes im Geist.

Wenn das nun die Bedeutung des heiligen Geistes ist, daß wir in ihm Gott oder die Heilsgegenwart Gottes erleben, so ergiebt sich, daß die Offenbarung der Heiligkeit Gottes in der That nicht nur dem Alten Bunde angehört, sondern gerade im Neuen Bunde in ihrer ganzen Fülle sich offenbart, sich darin offenbart, daß das innerste Wesen Gottes in der Welt gegenwärtig und wirksam geworden ist im heiligen Geiste, womit jede höhere Offenbarung ausgeschlossen ist. Von hier aus verstehen wir zugleich, daß alle Offenbarung Gottes vermittelt ist durch den Geist seiner Heiligkeit, und sich dadurch legitimiert, daß in ihr die zur Sündenerkenntnis verpflichtende, zum Glauben berechtigende Heiligkeit Gottes wirksam ist. In dieser Hinsicht dient es nun ebenso zur Bestätigung der gewonnenen Erkenntnis, wie es zur genauen Begriffsbestimmung förderlich ist, wenn wir uns die alttestamentliche Offenbarung und die durch sie gewirkte Erkenntnis von der Heiligkeit Gottes vergegenwärtigen.

Wann Israel angefangen hat, von Heiligkeit Gottes zu reden, läßt sich nicht feststellen. Der einzige Überrest ältesten Sprachgebrauches in der Bezeichnung der der Astarte geweihten Hierobulen als קָדֵשׁ קְדֵשָׁה spricht weder für (Delitzsch) noch gegen die Annahme, daß dieses Prädikat auch außerhalb Israels der Gottheit selbst beigelegt sei. Es kommt darauf an, was es bedeutet, um

zu verstehen, wie Israel das Wort mit dem eigentümlichen Inhalt
seiner einzigartigen Gotteserkenntnis erfüllen konnte. Auf etymo=
logischem Wege läßt sich die Bedeutung nicht feststellen; sie muß
aus dem Sprachgebrauch erhoben werden. Die erste sich darbietende
Beobachtung ist die, daß קָדוֹשׁ den Gegensatz zu חֹל bildet, zu
dem, was allgemein ist, den κοινόν. Es liegt ihm also die Vor=
stellung eines Gegensatzes zu dem, was allgemein ist, zu Grunde.
Dazu kommt sofort die andere Beobachtung, daß das Wort mit
allen Derivaten von קדשׁ nur in religiösem Sinne gebraucht wird,
und in Anwendung auf Menschen und Dinge dieselben als für
Gott ausgesondert bezeichnet. Damit wird der Gegensatz zwischen
קדושׁ und חֹל zu einem Gott selbst oder der Gottheit eignenden
Gegensatze zu allem, was nicht ihm zugehörig ist oder geworden
ist, und es begreift sich, daß für Israel, welches seine Aussonderung
aus den Völkern nur Jhvh verdankte, קָיִם Prädikat Gottes selbst
wurde. Gott und Israel gehören zusammen, darum ist Israel
heilig und Jhvh heilig; darauf beruht Israels Religion, Israels
Glaube und Israels Hoffnung.

Um so mehr gilt es nun nach dem positiven Inhalt dieser
Vorstellung zu fragen. Wie ist der Gegensatz geartet, in welchem
sich Gott und Israel zu allem, was חֹל ist, befinden? Die Beob=
achtung, daß der Gegensatz zwischen קדושׁ und חֹל sich mit dem
Gegensatz von טָהוֹר und טמא zwar nicht deckt, aber verbindet,
bringt uns an und für sich nicht sonderlich weiter, weil der Gegen=
satz zwischen rein und unrein im Sprachgebrauch durchaus auf
kultischem Gebiet liegt. Man muß hinzunehmen, daß die Forderung
bezw. Herstellung der kultischen Reinheit aufs engste zusammenhängt
mit der auf kultischem Wege zu suchenden und zu erreichenden
Befreiung von dem Miasma der Schuld, mit dem Grundgedanken
des in Priestertum oder Opfer an der Stätte des „Heiligtums,"
der Wohnung Gottes unter seinem Volke gipfelnden Kultus, also
der sittlichen Reinheit. Dann ergiebt sich, daß der in dem Prädikat
der Heiligkeit zum Ausdruck kommende Gegensatz der Gegensatz
zur Sünde ist. Israel, welches durch Gott ausgesondert ist zum
heiligen Volke, hat sich in dieser Zugehörigkeit zu Gott zu erhalten,
indem es sich in dem dadurch bedingten Gegensatze zur Sünde
erhält und erhalten läßt.

Dieselbe Erkenntnis ergiebt sich auf anderem Wege, wenn wir
bedenken, was die Aussonderung aus den Völkern durch die That

Gottes für Israel bedeutete. Sie ergab für Israel die Befreiung von seinen Drängern, von denen es Gewalt und Unrecht zu leiden hatte. Dadurch verbindet sich für Israel mit der Heiligkeit Gottes die Bethätigung des Gegensatzes Gottes gegen Sünde und Unrecht in richtender Gerechtigkeit, durch die er sein Volk errettet, vergl. Ps. 145, 17; 103, 36. Damit ergiebt sich für Israel, daß die Heiligkeit Gottes überhaupt in Gegensatz steht zu Sünde und Unrecht, also auch in Gegensatz steht zur Sünde innerhalb Israels. Israel hat die Sünde, unter der es gelitten hat und leidet, auch von sich selbst fern zu halten, wenn es seine Zugehörigkeit zu Gott bewahren will. Die Heiligkeit Gottes ist zugleich Verpflichtung für Israel. Sie schafft und fordert zugleich die Heiligkeit Israels. Sie wendet sich richtend gegen Israel, dessen Sünde das Gericht herausfordert, vergl. Jes. 10, 17: „das Licht Israels wird zum Feuer und sein Heiliger zur Flamme werden"; sie rettet Israel, das sich seinem Gott wieder zugewendet hat, V. 20: „die Übrigen in Israel und die Entronnenen werden sich verlassen auf Jhvh, den Heiligen Israels."

So verbindet sich für Israel mit der Heiligkeit Gottes der Gedanke an die Aussonderung, die Erwählung, durch die es sein Volk geworden ist, sowie der Gedanke an alles, was die Heiligkeit Gottes von ihm und von Israel ausschließt. Daß Jhvh Israel für sich ausgesondert hat oder die in dieser Aussonderung sich bethätigende Heiligkeit ist und bleibt darum Israels Hoffnung: er ist der Heilige Israels, wie er bei Jesajah heißt und ebenso 2 Kön. 19, 22; Ps. 71, 22; 78; 41; 89, 19. Jer. 50, 29; 51, 5; Ez. 39, 7; Hab. 1, 12 genannt wird, und als solcher der Goel Jes. 41, 14; 43, 3. 14; 47, 4; 48, 17; 49, 7; 54, 5; 55, 5, die Zuflucht der Verlorenen Jes. 17, 7, und zur Erlösungszeit wird es heißen: groß ist der Heilige Israels Jes. 12, 6. Aber wie die Erwählung und Errettung Israels, so geht auch das Gericht über Israel von der Heiligkeit Gottes aus. Sie läßt nicht zu, daß er Israel verderbe, während er es andrerseits nicht ungestraft läßt. Israel hat Gottes Namen entheiligt vor den Heiden, indem es Gottes Gericht herausgefordert hat und dadurch schuld daran ist, daß es aussieht, als sei Israels Gott nicht imstande, sein Volk zu schützen. Darum aber heiligt Gott seinen Namen wieder vor den Heiden durch Israels Errettung, Ez. 20, 39—44; 28, 22. 25; 36, 23 ff; 37, 26 ff; 38, 16;

39, 7. 21 ff. Daß daraus nicht zu schließen ist, „heilig sei synonym mit „erhaben, groß, mächtig" (Baudissin) braucht nicht bewiesen zu werden. Denn nicht die Macht als solche, sondern die Richtung, in der sie sich bethätigt, ist das entscheidende und sollte gerade für Ezechiel nicht verkannt werden. So begreift sich, daß ihr auf Seiten Israels ebenso Glaube und Vertrauen, Dank und Anbetung wie andrerseits Furcht entspricht, und daß Gottes Name ebenso durch Unglaube wie durch Ungehorsam, durch Sünde und Unrechtthun entheiligt wird, Ps. 20, 3; 77, 14 ff; Jes. 65, 25; Ps. 106, 47; 98, 1; 102, 20; 103, 1; 105, 3. 42; 145, 21; 22, 4. 5; Jon. 2, 5. 8; 2 Chron. 30, 27; 1 Chron. 16, 10; Ps. 30, 5; 97, 12; 33, 21: wir trauen auf seinen heiligen Namen? Jes. 10, 20; Num. 27, 14; Deut. 32, 51; Jes. 29, 23; 8, 13; Ex. 15, 11 u. a. Die Heiligkeit Gottes ist das begründende und gestaltende Princip des Bundes und damit der Religion der Offenbarung. Sie gestaltet das Volksleben Israels, indem sie sich Ausdruck giebt im Gesetze, in seinem Fluch und Segen, und in der Kultusordnung mit der Entsündigung, die dieselbe darbietet. Sie fordert und ermöglicht zugleich die Versöhnung, Lev. 16, 16. 33; Num. 8, 19, die nirgend anders geschehen kann, als an der Stätte der Wohnung Gottes, seinem Heiligtum, Lev. 16, 17. 27. Das Gesicht des brennenden Dornstrauchs, der doch nicht verzehrt wird, Exob. 3, 5, ist ihr vollkommenes Symbol. Der Dornstrauch, der zu nichts gut ist als ins Feuer geworfen zu werden, ist Israel, und doch wird es nicht verzehrt, sondern vom Feuer beschützt. Die Heiligkeit Gottes fordert Sündenreinheit, aber bewirkt sie auch; sie deckt die Sünde auf und bedeckt sie, schafft sie hinweg, Jes. 6. Es bedarf nur eines Anstoßes, um die heil=bringende Bethätigung Gottes in ihr Gegenteil zu verkehren, Jes. 10, 17.

Es ist eine großartige Erkenntnis Gottes, die sich darin aus=prägt. Zwischen Gott und Welt ein solcher Gegensatz, daß Ge=meinschaft nur dort und dadurch möglich ist, daß Gott sich ein Volk besondert und auswählt, ohne daß in dem dadurch geschaffenen Bunde der Gegensatz Gottes gegen die Sünde ein Ende hätte. Im Gegenteil, er ist und bleibt so groß, daß eben nur durch freie Erwählungsthat Gottes Gemeinschaft mit ihm möglich ist. Auf der Heiligkeit beruht die Erwählung. In dem dadurch gesetzten Verhältnis ist sie es, von der die Vergebung ausgeht, damit man

ihn fürchte, Pf. 103, 1 ff; 130, 4. Nur durch Vergebung kann
der Bund seitens Gottes bestehen, darum ist sie nicht bloß enthalten
in der grundlegenden Erwählung, sondern muß immer wieder ge=
sucht werden. Wo dies vergessen und nicht geachtet wird, da
wird „der Heilige Israels zum Feuer" und muß sein Volk richten,
damit es sich wieder zu ihm wende, Vergebung suche und finde
bei dem Heiligen Israels, seinem Erlöser. Die Religion Israels
— nicht wie sie war, sondern wie sie sein sollte — ruht auf dieser
wunderbaren Bethätigung der Heiligkeit Gottes und auf der da=
durch gewirkten Erkenntnis der Sünde. Denn daß die in Israels
Religion sich geltend machende und von den erwählten Knechten
Gottes gegen Israel geltend gemachte Erkenntnis, was es mit der
Sünde auf sich habe, mit der Erkenntnis Gottes in seiner Offen=
barung als des Heiligen Israels in unlöslichem Zusammenhange
steht, kann nicht verkannt werden. Die Offenbarung oder alle
Kundgebung und Bethätigung Gottes sowohl in den Führungen
Israels wie durch seine Knechte, die Propheten, hat den Zweck,
Israel zur Erkenntnis seiner Sünde und der Heiligkeit Gottes
und dadurch dahin zu bringen, daß es Ernst mache mit seiner
Religion im Leben. Alle Offenbarung erfolgt nicht im Zusammen=
hange einer aufsteigenden Entwicklung Israels in religiöser Hin=
sicht, — eine Religionsgeschichte Israels, welche dies darzustellen
unternimmt, ist ungeschichtlich und, weil der Wirklichkeit wider=
sprechend, nicht trotz, sondern wegen des Entwicklungsgedankens
wissenschaftlich unhaltbar. Die Offenbarung ist Bethätigung der
Heiligkeit Gottes nach dem einzigen Princip: wo die Sünde mächtig
geworden ist, da ist doch die Gnade viel mächtiger geworden, —
bis sie endlich wenigstens das erreicht hat, daß der stete Abfall
Israels zu andern Göttern ein Ende hat. Aber sofort beginnt
ein neuer Abweg, der Abweg, der schließlich gipfelt in der Ver=
werfung Jesu.

Es ist darum nicht einmal halb richtig, wenn Quenstedt sagt,
die Heiligkeit Gottes sei summa omnisque omnino labis aut vitii
expers in Deo puritas, munditiem et puritatem debitam
exigens a creaturis, und bethätige sich darin, daß er, weil er
selbst summum bonum sei, summum bonum per legem mora-
lem promulgavit et tuetur. Schon die Beschränkung auf die
lex moralis ist um so unrichtiger, als nicht in ihr, sondern im
Kultusgesetz die Gegenwirkung der Heiligkeit Gottes gegen die Sünde

ihren eigentlichen gesetzlichen Ausdruck fand. Aber vor allem ist
dabei vollständig übersehen, daß sie zuerst und wesentlich in der
Erwählung und in all den Führungen Israels erlebt wurde, in
denen Gott sich als Israels Gott und sein Erlöser in Gnade
und Gericht bethätigte. Das Gesetz kommt nicht als eigentliche
Offenbarung der Heiligkeit, sondern nur als Mittel, das Volk in
der Gemeinschaft mit Gott zu erhalten, in betracht. An erster
Stelle steht die Aussonderung, die Erwählung Israels, der Bund
Gottes mit Israel und in diesem Bunde die Selbstverpflichtung
und Selbstbethätigung Gottes, und darum weist die von Israel
erlebte und geglaubte Heiligkeit Gottes weit über das Gesetz
hinaus. Sie ist das neutestamentliche Element in der Offenbarung
des Alten Bundes. Die Heiligkeit Gottes, so wie sie Israel er=
lebt hat und wie sie der Grund und Inhalt seines Glaubens und
seiner Hoffnung war, ist der wunderbare Gegensatz gegen die
Sünde, wie er ihn in Gnade und Gericht an und in Israel be=
thätigte und von dessen Bethätigung Israel die Zukunft erwartete,
auf die es hoffen sollte.

So liegt allerdings etwas Richtiges in der Behauptung
Ritschl's, die Heiligkeit Gottes sei im Alten Testament Ausdruck
für die Thatsache, daß die Offenbarung Gottes in diesem Gebiete
noch nicht vollendet sei. Vollkommen unrichtig aber ist, was da=
mit gemeint ist, daß in der neutestamentlichen Offenbarung etwas
anderes an die Stelle der Heiligkeit Gottes trete. Vielmehr ist
die neutestamentliche Offenbarung gerade das, was Israel von der
Heiligkeit Gottes erwarten sollte — sie ist die vollendete Offen=
barung derselben, — die Bethätigung des Gegensatzes Gottes
gegen die Sünde in jener wunderbaren Einheit von Gericht und
Gnade, in welcher sich die Gegenwirkung Gottes gegen die Sünde
vollendet. Eine neue höhere Offenbarung, eine Fortbildung des
Christentums, eine reichere und tiefere Gotteserkenntnis ist un=
möglich.

Schärfer kann der ausschließende Gegensatz Gottes gegen die
Sünde und darum gegen die sündige Welt — denn die Sünde
haftet am Subjekt — nicht zum Ausdruck gebracht werden, als
dadurch, daß Gemeinschaft mit ihm nur dadurch möglich ist, daß
er von sich aus in freier Liebe sich Jemanden erwählt. Dazu
kommt, daß es wie keine völligere Verurteilung, so auch keine
stärkere Gegenwirkung gegen die Sünde geben kann, um ihre

Herrschaft zu brechen, als die, daß Gott selbst und nur Er im Zusammenhange seiner erwählenden Liebe es den Menschen ermöglicht, hinfort der Sünde nicht zu dienen, sondern in Gemein= schaft mit ihm zu bleiben und ihm zu leben. Ist dies Thatsache — und das ist der Fall —, so ist damit jede andere Möglichkeit der Rettung aus dem Banne und Fluch der Sünde ausgeschlossen und der Entwicklungsgedanke abschließend beseitigt. Es ist falsch, das Bewußtsein der Erwählung oder vielmehr den Glauben an dieselbe als Ausdruck des alttestamentlichen israelitischen oder jüdischen Partikularismus anzusehen, an dessen Stelle die neu= testamentliche Offenbarung den Universalismus der Gnade setze. Auch im Neuen Bunde bleibt es bei der Erwählung, solange der Satz die Wirklichkeit wiedergiebt: „so liegt es nun nicht an Jemandes Wollen oder Laufen, sondern an Gottes Erbarmen." Als ihr Objekt frei erwählende und darum heilige Liebe wird sie erkannt in der Sendung, dem Auftreten, dem Verhalten, dem Leben und Erleben Christi und in der heilzueignenden Wirk= samkeit des heiligen Geistes, indem diese Offenbarung und Be= thätigung der die ganze Welt umspannenden Liebe Gottes als das Gegenteil aller folgerichtigen Vollziehung seines Gegensatzes gegen die Welt und ihre Sünde, gegen uns und unsere Sünde und doch als vollendete Vollziehung dieses Gegensatzes erlebt und von unserm Gewissen beurteilt wird. Sie wird von jedem Ein= zelnen als freie Erwählung erlebt, die ebenso in vollem Gegensatz steht zu seiner bisherigen Entwicklung, wie sie ihm in unbegreiflichem Unterschiede von andern zu teil wird. Denn nie hat sich Jemand zum Kinde Gottes „entwickelt". Die ἔϑνη im Unterschiede von Israel und an Stelle Israels und der Einzelne im Unterschiede von Andern erleben und bestätigen es, daß der göttliche Heils= wille sich κατ' ἐκλογήν vollzieht.

So bewirkt die Bethätigung Gottes in seiner Heiligkeit beides, sowohl die rechte Sündenerkenntnis wie den Glauben, und tritt damit dem gesamten Heidentum gegenüber, dessen Grundzug über= all Furcht und Angst ist. Denn die wunderbare Bethätigung dieses vollendeten Gegensatzes gegen die Sünde in der Einheit von Gericht und Gnade ermöglicht und — fordert ein Vertrauen, welches wir in dieser Verbindung mit der unerläßlichen Beugung unter das Gericht gar nicht wagen würden und könnten, wenn nicht das thatsächliche, über das Gesetz der vernunft= und gewissens=

mäßigen Folgerichtigkeit erhabene Verhalten Gottes es in uns
bewirkte. Für Israel lag dies Verhalten Gottes vor in seiner
Geschichte, den ihm gegebenen Männern Gottes und den In=
stitutionen seines Gesetzes, und vollendete sich in der Sendung
Christi. An uns vollzieht es sich in jener Wirksamkeit des heiligen
Geistes, von der oben die Rede gewesen, in der alles, was Gott
für uns gethan und ist, als nicht vergangen, sondern als Gegen=
wart Gottes und als Freithat seiner durch nichts gebundenen oder
bedingten erwählenden Liebe erlebt wird. So ergiebt sich dem
Glauben die Erkenntnis, daß wir als Sünder gerade deshalb auf
Gott vertrauen können, weil er in diesem Gegensatze zur Sünde
steht. Weil er der Heilige ist und nur deshalb gilt für die
Frage der Jünger: wer kann denn selig werden? die Antwort,
die sonst vergeblich gesucht werden würde: was bei den Menschen
unmöglich ist, ist bei Gott möglich, denn bei ihm ist kein Ding
unmöglich.

Durch die Offenbarung der Heiligkeit Gottes wird so erst
die wirkliche Gottheit Gottes offenbar. Sie erschließt uns, daß
er Gott ist und wie er Gott ist, wie er sich als die der Welt
schlechthin übergeordnete Macht bethätigt. Er ist diese Macht, er
allein ist Gott, weil er allein als der Heilige die Lösung des
wirklichen Welträtsels in der Hand hat und ausführt, die Lösung
des Rätsels der Geschichte, sowohl der ganzen Welt als jedes
Einzelnen, des Rätsels: wie kann eine Welt, wie kann ein Mensch
bestehen, und was soll aus ihr, aus jedem Einzelnen und allen
werden, die an sich selbst, an dem sie knechtenden Gesetz der
Sünde und des Todes zu Grunde gehen? Antwort: nicht durch
Entwicklung, sondern durch die von der Heiligkeit Gottes aus=
gehende Gegenwirkung in der Einheit von Gericht und Gnade,
in der Bethätigung erwählender Liebe, und nur durch sie. In
ihr liegt die zum Glauben verpflichtende und zugleich die zu ihm
berechtigende Kraft der Offenbarung. Sie ist die für die Er=
kenntnis und Anerkennung Gottes wie für das Verständnis seines
Willens und seines Wirkens entscheidende Eigenschaft, von der
deshalb auch alle weitere Erkenntnis der Eigenschaften Gottes
abhängig ist. Wird die Heiligkeit Gottes nicht erkannt und nicht
verstanden, so wird überhaupt das Walten und Verhalten Gottes
nicht begriffen.

2. Die Gerechtigkeit Gottes.

Wo Gott als der Heilige sich offenbart, da wird er auch als Richter erkannt, und darum verbindet sich mit dem Gedanken an seine Heiligkeit unabweisbar der Gedanke an seine Gerechtigkeit. Der ist der Richter aller Welt, der sie erleben läßt, daß es Rettung nur für die giebt, die er in freier Liebe sich erwählt, also Rettung nur aus Gnaden durch den, der, statt uns auf ewig von sich auszuschließen und sich uns zu versagen, sich selbst uns darbietet in erwählender und erlösender Liebe. Das ist der Grund, weshalb sich mit dem Glauben, den er wirkt, das Be= wußtsein der Verantwortlichkeit so eng zusammenschließt, daß der Glaube in demselben Maße unlebendig und unkräftig wird, in welchem dies Bewußtsein sich abschwächt. Niemand kann einen solchen Begriff vom Gericht Gottes haben, wie der, dem „Barm= herzigkeit widerfahren ist,“ oder der mit Paulus zu sprechen sich genötigt sieht: „so liegt es nun nicht an jemandes Wollen oder Laufen, sondern an Gottes Erbarmen.“ Darum enthält es auch durchaus keinen Widerspruch gegen die volle neutestamentliche Gotteserkenntnis, keinen Rest früherer oder unterchristlicher An= schauung, wenn es 1 Petr. 1, 17 heißt: „wenn ihr den als Vater anruft, der ohne Ansehen der Person richtet nach eines jeglichen Werk, so wandelt die Zeit eurer Fremdlingschaft über in Furcht,“ oder noch stärker Phil. 2, 12 f.: „schaffet eure Rettung mit Furcht und Zittern, denn Gott ist es, der in euch wirkt beides, das Wollen und das Wirken.“ Es giebt keinen Glauben an die Vaterschaft Gottes, an unsere Erwählung und Erlösung, der nicht die rückhaltloseste Anerkennung Gottes als des Richters in sich schlösse.

Es ist aber mit diesem Glauben doch anders bestellt, als mit dem auch abgesehen von der Offenbarung im Gewissen sich geltend machenden Gerichtsbewußtsein. Das Gewissen nötigt nicht erst uns, die wir unter dem Einfluß der Offenbarung stehen, sondern, wie Paulus sagt und wie alle Missionsarbeit unseres Jahr= hunderts bestätigt, alle Heiden, sich selbst ihre Gerichtsverhaftung zu bezeugen. Die Wirkung ist Furcht, nichts als Furcht und Angst, jene Furcht, die der Grundzug aller heidnischen Religionen ist. Ganz anders das Bewußtsein der Verantwortlichkeit und der Glaube an Gottes Gericht, wie sie in dem Offenbarungsglauben

beschlossen sind. Was wir im Gericht zu verantworten haben, ist
dies: ob wir haben, was uns gegeben ist. Wir sind verantwort=
lich für unsern Heilsstand. Die uns geltende Regel des Gerichts,
auf das wir warten, ist die: „wer da hat, dem wird gegeben,
wer aber nicht hat, von dem wird auch genommen, was er hat."
Denn Gott giebt nicht bloß, was er fordert, sondern er fordert
auch, was er gegeben. Diejenigen, an denen die erwählende
und erlösende Liebe Gottes sich bethätigt und in denen sie den
Glauben gewirkt hat, haben schon an der ihnen wider=
fahrenen Gnade Gott als Richter erlebt, und das zu=
künftige Gericht hat für sie die Bedeutung, daß es ihre gerechte
Sache im Unterschiede von der Welt, aus der heraus sie erwählt
sind, ans Licht bringen, ihnen zum Recht verhelfen soll denen
gegenüber, die ihnen unrecht thun oder die unrecht haben, — es
sei denn, daß sie die Gnade Gottes vergeblich empfangen haben.

Wo aber Gott als Richter erlebt wird, da wird seine
richtende Gerechtigkeit erlebt, denn sein Richten ist ein Richten in
Gerechtigkeit, also auch, wo er Gnade erweist, wo er Sünde ver=
giebt. Ja gerade dies wird als die höchste Erweisung seiner
richtenden Gerechtigkeit angesehen werden müssen und nicht, wie
wir gewohnt sind, als das Gegenteil von Gerechtigkeit, denn ent=
schiedener kann er es nicht bethätigen, daß er der Richter ist, als
indem er beweist, daß er die Macht hat, Sünde zu vergeben, und
daß es keine andere Rettung giebt, als die er bewirkt durch Ver=
gebung, — nicht Rettung von seiner Hand, sondern Rettung
durch seine Hand. Entweder er hört dann überhaupt — nicht
bloß für die, denen er vergiebt — auf, Richter zu sein, oder er
vergiebt als Richter und darum in Gerechtigkeit, εἰς τὸ εἶναι
αὐτὸν δίκαιον καὶ δικαιοῦντα τὸν ἀσεβῆ, Röm. 3, 26; 4, 5,
während das Gesetz sagt: οὐ δικαιώσεις τὸν ἀσεβῆ, Exod. 23, 7.

Hier wird ersichtlich, daß und weshalb die Gerechtigkeit
ebenso wie die Heiligkeit Gottes eine Eigenschaft ist, von der
man außerhalb der Religion der Offenbarung keine Ahnung hat
und haben kann. In ihr erweist sich Gott ebenso wie in seiner
Heiligkeit und in unlöslichem Zusammenhange mit ihr als über
das Gesetz vernunft= und gewissensmäßiger Folgerichtigkeit erhaben,
ohne dasselbe aufzuheben. Denn eine stärkere Bejahung des sitt=
lichen Gesetzes kann es nicht geben, als die den Sünder an das
Gericht Gottes bindende Vergebung, und wiederum kann es kein

größeres Gegenteil aller gesetzmäßigen Folgerichtigkeit, keine größere Unabhängigkeit von dem Gesetz geben, als Gottes Vergebung in frei erwählender Liebe. Es fragt sich nun, unter welchem Gesichtspunkte die Vergebung, die Erweisung der Gnade als Bethätigung der richtenden Gerechtigkeit Gottes anzusehen ist. Die Annahme eines Gegensatzes zwischen Gerechtigkeit und Gnade, der seine Ausgleichung fordere, damit Gott Gnade erweisen könne, ist uns verwehrt, wenn die obige Ausführung richtig ist, daß in der Erweisung der Gnade Gott als Richter und also in seiner Gerechtigkeit erlebt wird. Davon gilt, was C. Imm. Nitzsch von der Entgegensetzung von Gerechtigkeit und Liebe sagt: „neben und außer der Liebe Gottes noch einen andern Grundwillen zuschreiben, heißt Unbegriffe schaffen."

Es liegt an unserer Gewöhnung an eine schlechte theologische und praktisch-kirchliche Überlieferung, daß das hier vorliegende Problem zwar mehrfach empfunden, aber nicht gelöst worden ist. Denn das ist keine Lösung, wenn Fr. Nitzsch nach dem Vorgange der Socinianer und in etwa auch Joh. Gerhard's die Anwendung des Begriffs der Gerechtigkeit auf die Heils- und Gnadenthaten Gottes durch den Mittelbegriff der ἐπιείκεια erklären will, nach Aristoteles „die Milde des Richters, der ohne das Gesetz zu verletzen oder parteiisch zu werden, individuelle Umstände berücksichtigt." Gott soll hiernach „die ihn beherrschende, aus seiner eigenen Heiligkeit stammende Norm so handhaben, daß er aus Rücksicht auf die besondere Schonungsbedürftigkeit des bundestreuen Volkes nicht das „Zahn um Zahn", sondern die Gnade walten läßt als ein m i l d e r Richter und Regent." Dann ist die Gnade nicht mehr wirkliche, sondern nur noch beschränkte Gerechtigkeitserweisung, sie dispensiert vom Gesetz, statt dasselbe zu bejahen, und tritt in Widerspruch mit der alle Rücksichten ausschließenden Erwählung. Ebensowenig aber kann es als eine Lösung des Problems angesehen werden, wenn Ritschl das Wesen der Gerechtigkeit Gottes nicht in der Ausübung des Gerichts sieht, sondern sie definiert als „sein in sich normales und zum Heile der Glieder seiner Religionsgemeinde folgerechtes, mit der Gnade sachlich identisches Verfahren," — eine Definition, die dadurch nicht richtig wird, daß der Ausdruck „folgerecht" statt „zweckentsprechend" gewählt ist, um der vermeintlichen etymologischen Grundvorstellung des hebräischen Wortes doch einigermaßen treu zu bleiben und den Schein einer Verwechselung mit dem Begriff der göttlichen Weisheit zu vermeiden.[1]) Denselben Weg, den Leibniz mit seiner Definition, die Gerechtigkeit sei die mit Weisheit geleitete Güte, gewiesen, hat dann H. Schultz eingeschlagen, wenn er die Gerechtigkeit als die durch die Heiligkeit bestimmte Allweisheit Gottes erklärt und sie bestimmt als die Allmacht des göttlichen Selbstzwecks, den Gott verwirklicht ohne außer ihm liegende Bedingungen, Mittel und Schranken. So wird dem Begriff der Gerechtigkeit Gottes im Widerspruch mit der Entstehung unserer Erkenntnis derselben ein Inhalt gegeben, der an und für sich nichts mit der richterlichen Bethätigung Gottes zu thun hat und nur unter Umständen eine solche begreiflich macht, die dann aber auch sofort nichts mehr mit der Gnade zu thun hat. Wenn unsere Erkenntnis der Gerechtigkeit Gottes ebenso wie die Erkenntnis seiner Heiligkeit dadurch bewirkt ist, daß wir in der Offenbarung seinen Gegensatz zu unserer Sünde wahrnehmen, der uns zum Glauben verpflichtet, und wenn insbesondere die Erkenntnis seiner Gerechtigkeit dadurch entsteht, daß wir in dieser verpflichtenden Kraft ihn als Richter erleben, so ist uns eine Lösung des Problems durch eine dasselbe im Grunde ausschließende Definition und Einführung eines neuen Sprachgebrauchs verwehrt.

Der Vorwurf, den Ritschl gegen die in der Theologie und im kirchlichen Leben hergebrachte Fassung des Begriffs im Sinne der nach dem abstrakten Gesetz des tale quale verfahrenden justitia distributiva erhebt, daß sie nicht der Offenbarung entstamme, sondern ihre Wurzeln in der Antike habe, ist — wenn auch nur teilweise — berechtigt. Noch viel mehr aber dürfte dieser Vorwurf seine eigene Fassung, sowie die meisten Versuche — z. B. auch Philippis, Franks, Dorners u. a. — treffen, die dem Begriff der Gerechtigkeit einen weiteren Inhalt als den der richterlichen Bethätigung seiner Macht geben, nur mit dem Unterschiede, daß jene Auffassung auf die religiösen Anschauungen, diese auf den ethischen Begriff der δικαιοσύνη als der höchsten, das sittliche Gesamtverhalten bestimmenden und umfassenden Tugend

---

[1]) Vgl. A. Ritschl, Geschichtliche Studien zur christlichen Lehre von Gott (Gesammelte Aufsätze, Neue Folge, S. 168): „diejenige Verfahrungsweise Gottes wird gerecht sein, welche die Mittel zu dem Endzwecke des Reiches Gottes unter den Menschen ordnet."

zurückweist, also auf dieselbe Wurzel, aus der die Auffassung der mittelalterlichen Theologie und Kirche von der justificatio als infusio justitiae sowie alle neueren Versuche einer vermeintlichen Vertiefung der Rechtfertigungslehre erwachsen sind. Dies ist überall der Fall, wo man die Gerechtigkeit in Verbindung bringt mit der Idee einer höchsten Norm alles Handelns, sei es, daß man diese Norm in einem höchsten und letzten Zweck desselben oder in der Idee des Guten als des obersten Gesetzes findet.

Demgegenüber ist die energische Beziehung der Gerechtigkeit Gottes auf das göttliche Richten im vollen Rechte, falsch nur die einseitige Beziehung auf die Strafgerechtigkeit. Nur diese letztere ist es, die der Antike entstammt. und auch sie nur in beschränktem Sinne. Denn von Gerechtigkeit der Gottheit oder der Götter redete man nicht, wo man sie als Richter und Rächer des Un= rechtes betrachtete und von ihrem Walten weniger die Belohnung des Guten als die Bestrafung des Bösen erwartete. Wenn man sich auch mit allem Ernst bemühte, wie Plutarch in seiner Schrift de sera numinis vindicta sich diesen Glauben trotz seiner steten Erschütterung durch die schlechte Wirklichkeit des Weltlaufs zu erhalten, — auf den Gedanken der Gerechtigkeit der Götter dieses mehr gewünschte und gehoffte als geglaubte Walten zu begründen und, wenn auch nur in diesem Sinne, von Gerechtig= keit der Götter zu reden, ihnen das Prädikat „gerecht" zu geben, hat Griechen und Römern stets fern gelegen. Wie konnte man das auch, wo man zwar wohl glaubte, daß Götter seien, und ihnen bestimmte Funktionen zuschrieb, nie aber von glauben im Sinne des Trauens redete, wie man gemußt hätte, wenn man ihnen Gerechtigkeit, der Griechen höchste Tugend, zugeschrieben hätte! Dies war nicht möglich, wo man sie sich erst günstig stimmen mußte, wenn man Wohlthat von ihnen begehrte.[1])

Die Erklärung des strafenden Waltens Gottes als Gerechtig= keit sowie die einseitige Beziehung der Gerechtigkeit Gottes auf diese Strafgerechtigkeit stammt thatsächlich nicht aus der Antike, sondern

---

[1]) Vgl. Leop. Schmidt, Die Ethik der alten Griechen. Berlin 1882. I. S. 47 ff. Nägelsbach, Homer. Theologie, 3. Aufl. (bearbeitet von Autenrieth, 1884), S. 320 ff. Dersf., Nachhomer. Theologie, S. 28 ff, 345 ff. Schlatter, Der Glaube im Neuen Testament, 1. Aufl., S. 69 ff. Mein biblisch-theologisches Wörterbuch der neutestamentlichen Gräcität, 3. Aufl., unter δίκαιος, ἱλάσκεσθαι, πίστις.

hängt bis heute damit zusammen, daß die zum Glauben ver=
pflichtende Kraft der Offenbarung in dem Gegensatz Gottes gegen
unsere Sünde liegt, den wir in ihr wahrnehmen und durch den
sie auf uns wirkt. Es ist begreiflich, daß die Wirksamkeit des
heiligen Geistes zuerst als ein ἐλέγχειν empfunden wird, daß das
Gewissen als Schuldbewußtsein und Gewißheit der Gerichts=
verhaftung erwacht, daß das πίστιν ὁ θεὸς παρέχει πᾶσιν im
Zusammenhange mit dem ἀπαγγέλλει τοῖς ἀνθρώποις πάντας
πανταχοῦ μετανοεῖν, καθότι ἔστησεν ἡμέραν ἐν ἧ μέλλει
κρίνειν τὴν οἰκουμένην ἐν δικαιοσύνῃ zuerst empfunden wird
als Forderung und Gebot, bevor es begriffen wird als Gabe und
Geschenk. Dazu ist es viel zu sehr das Gegenteil aller gedanken=
und gewissensmäßigen Folgerichtigkeit, als daß es überhaupt leicht
wäre, sich in die Einheit von Gericht und Gnade zu finden. Als
mit dem Eintritt der germanischen Völker in die Kirche die
Bildung von Volkskirchen an die Stelle der Sammlung von
Gemeinden auf dem Wege der ἐκλογή und damit die Beicht=
erziehung an die Stelle des Katechumenats trat und im Zusammen=
hange mit den Bildungselementen der alten Welt die Ethik durch
bloße Hinzufügung der drei theologischen Tugenden zu den alten
vier Kardinaltugenden christianisiert und das Christentum fast nur
noch als nova lex angesehen wurde, da war es fast unausbleib=
lich, daß sich in der Kirche die Erscheinung wiederholte, die wir
in dem synagogalen Judentum wahrnehmen. Israel sollte die
Erlösung durch das Gericht der rettenden Gerechtigkeit Gottes
erwarten und erwartete sie, — aber die Hoffnung hatte sich in
Furcht gewandelt. Das erlösende Gericht sollte ein Strafgericht
sein über Israels Bedrücker, aber man war nicht mehr imstande,
sich das Gericht auch für Israel anders als ein Strafgericht zu
denken, — dazu war das Gesetz und durch das Gesetz die Sünde
zu mächtig geworden, und auch die Weissagung hatte bezeugt:
in der Stadt, darüber mein Name genannt ist, fange ich an zu
plagen. Man wußte keine Antwort mehr auf die Frage: wie
kann ein Sünder gerecht sein oder gerecht werden, eine gerechte
Sache haben vor Gott, so daß Gott richtend für ihn eintreten
kann? Man jagt solcher Gerechtigkeit nach und findet sie nicht.
Die Hoffnung klammert sich im 4. B. Esra nur noch an die zu=
gleich als sehr entfernt empfundene Möglichkeit eines unverhofft
günstigen Ausfalles des Gerichts. Lange gesteht man sich nicht,

was Paulus Röm. 7 erst gestand und rückhaltlos bekannte auf
Grund und infolge seiner Bekehrung, als er es sich nicht mehr
zu verbergen brauchte. Nicht eher, als bis die Brutalität der
Geschichte, die Zerstörung Jerusalems durch die Römer den Ver=
fasser des 4. Buchs Esra dazu zwingt, finden wir es von einem
Juden ausgesprochen, weil er nunmehr genötigt ist, um sich selbst
zu halten, auch diese Erkenntnis dem Systeme anzupassen.[1]) Dies
ist derselbe Begriff von der Gerechtigkeit Gottes, der die Theologie
und Praxis der mittelalterlichen und heutigen römischen Kirche
beherrscht und damit unwillkürlich Zeugnis giebt für die funda=
mentale Bedeutung der richtigen Erkenntnis, die wir zu suchen
haben. Es fehlt an dem Verständnis der Einheit von Gesetz
und Verheißung, und damit an dem Verständnis der Erfüllung
beider in der Gottesoffenbarung in Christo. Durch das Gesetz
kommt Erkenntnis der Sünde, ἵνα πᾶν στόμα φραγῇ καὶ
ὑπόδικος γένηται πᾶς ὁ κόσμος τῷ θεῷ (Röm. 3, 19), aber
man will sie nicht Wort haben und nur wider Willen kommt das
Geständnis derselben über die Lippen, ἀγνοοῦσι γὰρ τὴν τοῦ
θεοῦ δικαιοσύνην (Röm. 10, 2). Das Verständnis für den
eigentlichen Inhalt und Zweck der Offenbarung ist Israel ver=
loren und der mittelalterlichen Kirche nicht aufgegangen. Dadurch
bekommt die Religion der Synagoge unterisraelitischen, die der
mittelalterlichen und römischen Kirche unterchristlichen Charakter,
— dies ist das einzig Richtige an der Behauptung, daß diese Auf=
fassung der Gerechtigkeit als Strafgerechtigkeit dem Griechentum
entstamme. Sie trägt ethnischen Charakter, und nur das Fest=
halten an dem, der wirklich und allein Gott ist, bewahrt vor
dem Aufgehen im Heidentum.

Um so befremdender ist es, daß auch die altprotestantische
Theologie bei dieser Auffassung der Gerechtigkeit Gottes stehen
geblieben ist. Zwar ist Flacius auf besserem Wege, wenn er
unter Gerechtigkeit Gottes benigna Dei liberatio ab oppressoribus nostris nos vindicans versteht und sagt: educere aut pro-
ferre dicitur Deus justitiam nostram, cum causas nostras
justas et nos ipsos ab oppressoribus liberat ac victores
facit cumque sic nobis testimonium innocentiae et justitiae

---

[1]) Vgl. Lütgert, Das Reich Gottes in den synoptischen Evangelien.
Gütersloh 1895. S. 39.

coram orbe terrarum tribuit, cf. Jer. 51, 10 (clavis script.
scr. s. v. justitia). Die Dogmatiker aber haben diesen Weg, den
das Evangelium von der Rechtfertigung aus dem Glauben, von
dem θεός δίκαιος καὶ δικαιῶν τὸν ἐκ πίστεως wies, nicht ver-
folgt. Mit rückhaltloser Zustimmung führt Joh. Gerhard Gersons
Wort an: cum misereri voluerit, nihil est Deo clementius;
cum vero justitiam tribueret, nihil ipso terribilius und erkennt die Bedeutung dieser Eigenschaft Gottes darin, daß sie
a divinae bonitatis abusu revocare potest delinquentes. Der
Mißbrauch des Evangeliums, der Gegensatz gegen die „Antinomer
und Gesetzstürmer" (Luthers W. W. Erl. Ausg. 58, 336) erscheint
somit als die Ursache, für die Betonung der Gerechtigkeit Gottes
als Strafgerechtigkeit. Man beschränkte sie zwar nicht darauf,
sondern faßte sie als summa et immutabilis divinae rectitudo
a creatura rationali quod rectum et justum est exigens
(Quenstedt) oder als attributum divinum ἐνεργητικόν, vi cujus
Deus omnia, quae aeternae suae legi conformia sunt, vult
et agit, creaturis convenientes leges praescribit, bonos
remuneratur et impios punit (Hollaz) und lenkte somit vollständig in die Bahnen des griechischen Begriffs von der Gerechtigkeit als höchster Tugend ein. Aber gerade dadurch wieder wurde
es unmöglich, sich die menschliche Erfahrung der Gerechtigkeit
Gottes anders als in der Form der Strafgerechtigkeit zu denken.
Die Gerechtigkeit Gottes fordert die Gerechtigkeit des Menschen,
findet sie nicht und muß deshalb strafen. Von Belohnen kann
nur theoretisch die Rede sein, in Wirklichkeit ist niemand zu belohnen. Der einzige, der darauf Anspruch gehabt hätte, Christus,
hat statt dessen stellvertretend die Strafgerechtigkeit Gottes über
sich ergehen lassen und es dadurch ermöglicht, daß die Gnade
über uns walte. In diesem Gedankenzusammenhange hatte eine
Gerechtigkeit Gottes, welche die Hoffnung der Sünder wäre, keinen
Platz. Luther erzählt einmal: „Das Wort „Gottes Gerechtigkeit"
ist vor Zeiten in meinem Herzen ein Donnerschlag gewest. Denn
da ich im Pabsttum las: errette mich in deiner Gerechtigkeit
(Ps. 31, 2; 71, 2), item in deiner Wahrheit, von Stund an
gedachte ich, Gerechtigkeit wäre der grimmige Zorn Gottes, damit
er die Sünde strafet. Ich war St. Paulo von Herzen feind,
wenn ich las, die Gerechtigkeit Gottes wird durchs Evangelium
offenbart. Aber darnach, da ich sahe, wie es aufeinander gehet

und folget, wie geschrieben stehet: Der Gerechte lebt seines Glaubens, und St. Augustin über diesen Spruch auch las, da ward ich froh, denn ich lernte und sah, daß Gottes Gerechtigkeit ist seine Barmherzigkeit, durch welche er uns gerecht achtet und hält." Wie wenig man sich in diesen Gedanken, daß Gottes Barmherzigkeit Gerechtigkeit und Gottes Gerechtigkeit Barmherzig= keit sei, finden konnte, zeigt die Verlegenheit Joh. Gerhards, wenn er anhangsweise die Thatsache berührt, daß nomine justitiae divinae saepe intelligitur bonitas. Alles, was er dazu zu sagen weiß, beschränkt sich darauf: ratio videtur esse, quod justum sit et naturae Dei conveniens, miseris et opem suam implorantibus bonitatem exhibere, — also wenn auch nicht ganz, doch beinahe die ἐπιείκεια der von ihm so energisch zurück= gewiesenen Socinianer. Er geht aus von der Gerechtigkeit als der vollkommenen Tugend, daher der vollkommenen Pflicht= erfüllung in jedem Stand und Beruf, — quis vero ita bene et perfecte se in suo gerit statu et officio quam Deus? Omnes (ut ita loquar) partes officii sui juste et modis omnibus perfecte administrat, justus dominus est, justus judex, justus pater, justus rex, justus doctor, justus sponsus, justus legislator etc. Zu dieser Gerechtigkeit gehört die justitia distributiva, und zu dieser wieder die justitia correctiva, quae citra προσωποληψίαν vitia corrigit, nocentes punit. Außer= dem kennt er noch eine justitia promissorum, quae nihil aliud quam veracitas et fides in dictis atque promissis, also auch hier nichts anderes als höchste Tugend, kein Gedanke daran, daß auch in der Erfüllung der Verheißungen die richtende Gerechtigkeit Gottes zu erkennen sein könne. Im Gegenteil, auch die justitia promissorum dient nur dazu, den Schrecken vor der richtenden Gerechtigkeit, der justitia distributiva zu verstärken, wie Gerhards Berufung auf Augustins Wort zeigt: qui verus est in pro= mittendo, verus etiam est in minando (de vera et falsa poen. c. 7). Daß man in diesem Schrecken vor der richtenden Gerechtigkeit Gottes nicht unterging, daß die Religion besser war als die Theologie, verdankte man nicht dem Verständnis der Gerechtigkeit, welche Gott eignet, sondern der durch die Reformation wiedergewonnenen Erkenntnis, daß es eine Gerechtigkeit des Menschen gebe, welche anders geartet ist, als die δικαιοσύνη der Griechen und der Scholastik, eine von Gott stammende und darum nach ihm benannte διχαιοσύνη θεοῦ, deren Subjekt der Sünder durch den Glauben sei. Daß die in der Offenbarung sich bethätigende und zur Erscheinung kommende, richtend wirkende Gerechtigkeit Gottes selbst vertrauenden Glauben wirken könne, blieb unbegriffen.

Und doch dürfte es nicht so schwer halten, dies zu begreifen, wenn man sich nur erst frei macht von dem Einfluß des griechischen Gedankens der διχαιοσύνη als der Summe aller Tugend, wie er auch in der beliebten Erklärung des Begriffs als „Rechtbeschaffen= heit" enthalten ist. Wir werden uns dorthin wenden müssen, woher wir den Begriff der Gerechtigkeit Gottes empfangen haben, zu der Bezeugung der Offenbarungsreligion, die uns in der heiligen Schrift vorliegt. Wir wissen, daß auch in Israel die Offenbarungsreligion ebenso wie in der Christenheit nie Volks= religion in dem Sinne gewesen ist, daß das ganze Volk sie wirk= lich und in vollem Ernst gelebt hätte. Sie ist gerade in Israel immer nur Eigentum der Wenigen gewesen, die Ernst mit ihr gemacht haben, nicht einmal Eigentum derer, die als die Virtuosen und eigentlichen Repräsentanten der Religion angesehen wurden und sich selbst so ansahen, sondern Eigentum, Besitz und Leben der „Stillen im Lande." Daß die heilige Schrift Alten und Neuen Testaments uns einen klaren Einblick in beides giebt, in das, was Religion Israels war und in das, was Religion Israels sein sollte, das ist nicht ihre geringste Legitimation als zuverlässige Urkunde der Offenbarungsreligion.

Nun ist es aber Thatsache, daß die ganze Schrift mit dem Begriff der richtenden Gerechtigkeit Gottes und nur mit ihm rechnet, daß auch die rettende Gerechtigkeit, auf die die Verheißung hinweist und von der Israel die Erlösung hofft, richtende Ge= rechtigkeit ist, und dies trotzdem, daß Israel mit dem Psalmisten betet: „gehe nicht in das Gericht mit deinem Knecht, denn vor dir ist kein Lebendiger gerecht," Ps. 143, 2. Diese Anschauung ist so durchschlagend, daß C. Imm. Nitzsch sagt: „das Belohnen hat bekanntlich mitten im Testament der Gnade ebenso wie das Bestrafen seine Geltung behalten, folglich der ganze Begriff der Vergeltung, und daß dieser Begriff Inhalt der Ge= rechtigkeit sei, ist nicht zu bezweifeln." [1]) Gerade daß

---

jene oben besprochene unterisraelitische Strömung mit demselben
Begriff rechnet, indem auch sie nur von der richtenden Gerechtigkeit
Gottes das Heil erwartet, obwohl sie dieselbe nur noch fürchten
kann und nicht mehr im Glauben auf sie zu hoffen wagt, zeugt
von der grundlegenden Bedeutung dieser Anschauung für die
Religion Israels.

Die Thatsache, daß die Propheten die Erlösung Israels als
eine That der Gerechtigkeit Gottes verkündigen, und daß dieselbe
seitens Israels als eine solche That der Gerechtigkeit Gottes erwartet,
ersehnt und erbeten wurde, daß alles Vertrauen auf Gott ein Ver=
trauen auf seine richtende und dadurch rettende Gerechtigkeit war,
liegt so klar zu Tage, daß es kaum des Nachweises im einzelnen be=
darf. Es sei hier nur erinnert an die bekannte Verbindung von
Gerechtigkeit Gottes und Heil Gottes: Jes. 56, 1; 45, 8. 21;
46, 13; 51, 5. 6. 8; 59, 17; Pf. 65, 6; 51, 16; 112, 4;
116, 5; 31, 2; 36, 11; 98, 2. 3; 103, 17. 18. Mich. 6, 5
werden die Thaten Gottes, die er in der Erlösung aus Ägypten
Israel erwiesen hat, Gerechtigkeitsthaten Jhvhs genannt.[1] Über=
all, wo die Gerechtigkeit Gottes als heilbringend erscheint, ist sie
als richtende Gerechtigkeit gedacht, welche dem bedrängten Israel
Recht schafft und so seiner Bedrängnis ein Ende macht, vgl.
Mich. 7, 9: „den Zorn Jhvhs will ich tragen, denn ich habe an
ihm gesündigt, bis daß er meine Rechtssache austrage und mein
Recht schaffe; er wird mich ans Licht bringen, anschauen werde
ich seine Gerechtigkeit." Darum verkündet die Verheißung das
Jahr der Erlösung als ein Jahr der Vergeltung, zu rechten für
Zion, Jes. 34, 8; 35, 4; 61, 2; Hab. 3, 12. 13; Hagg. 2,
22. 23; Zeph. 2, 8 ff.; Sach. 14; Mal. 4; Pf. 58, 11. 12:
Denn — und dies ist der Grund dieser Anschauung — der
Zweck des Gerichts und der Gerechtigkeitsübung im Gericht ist
der, denen, die es bedürfen, zum Rechte zu verhelfen. Einen
Richter zu finden, der sich ihres Rechtes annimmt, ist die Wohl=
that, deren die Vergewaltigten und Unterdrückten bedürfen, über
die das Unrecht herrscht. Der Richter und seine Gerechtigkeit ist

---

[1] Vgl. zu dem Folgenden die ausführliche Untersuchung des gesamten
biblischen Sprachgebrauchs in meinem biblisch=theologischen Wörterbuch der
neutest. Gräcität unter δίκαιος und seinen Derivaten, sowie unter βασιλεύς,
βασιλεία, κρίνειν, ποιμήν, πραΰς, πτωχός, ῥύειν, σώζειν, sowie in meiner
demnächst erscheinenden Schrift über die paulinische Rechtfertigungslehre.

in erster Linie für die da, die sonst auf Erden als rechtlos behandelt werden, deren „Zaun niedrig ist", für die Witwen und Waisen, die Armen und Schwachen. Darum heißt es Jes. 11, 3—5: „er — der Sproß aus der Wurzel Isais — richtet nicht nach dem Ansehen, spricht nicht Recht nach dem, was seine Ohren hören; mit Gerechtigkeit wird er richten die Armen und Recht schaffen nach dem Recht den Elenden im Lande." Vgl. Lev. 19, 15. 35; Deut. 1, 16; 16, 18; 2. Chron. 9, 8; Jer. 22, 3; Zeph. 3, 5.

Zu richten und Recht und dadurch Hilfe zu schaffen ist das Amt des Königs, Hos. 13, 10: „wo ist dein König, daß er dir helfe in all deinen Städten und dir Recht schaffe? wovon du sagtest: gieb mir König und Fürsten!" Vgl. Pf. 72, 1 ff.; V. 7. 12 ff. Gott aber ist Israels König und als solcher ist er Richter und Retter, Pf. 10, 16 ff.: „Jhvh ist König immer und ewig, geschwunden sind die Heiden aus seinem Lande. Das Begehren der Elenden hast du gehört, Jhvh, du hast ihr Herz gefestigt, und hast dein Ohr achtsam gemacht, Recht zu schaffen den Verwaisten und Bedrückten; nicht wird ferner in Schrecken setzen ein Mensch, der von Erden ist." Es ist falsch, wie auch Wellhausen und H. Schultz anerkennen, wenn Diestel behauptet, daß diese Aussage im Alten Testament sehr selten auf Jhvhs theokratische Stellung zu Israel, vorwiegend auf seine Weltherrschaft bezogen werde. Das Gegenteil ist richtig. Jhvh ist Israels König, und Israels König ist es, der über alle Welt triumphiert. Israel ist sein geliebtes und erkorenes Volk, zu dessen Gunsten er seine Gewalt ausübt. Auf dieses Königtum Gottes über Israel wird seine Bethätigung in richtender Gerechtigkeit zur Erlösung seines Volkes zurückgeführt. „Der Tag Jhvhs", „jener Tag", der stets den Abschluß des prophetischen Gesichtsfeldes bildet, ist der Tag seiner königlichen Machtbethätigung in richtender Gerechtigkeit. Vgl. Jes. 24, 21 ff.; 43, 14. 15; 44, 6; Obadja 15, 71; Pf. 22, 29; 24, 7 ff.; 68, 25. 31; 74, 12. 21; 89, 17; 93—100; 103, 17—19; 145, 11—13; 9, 5 ff. V. 9 ff.

Dieses Königtum Gottes über Israel beruht auf freier göttlicher Erwählung, und mit dieser Erwählung — der That der Heiligkeit Gottes hängt ebenso die geschehene Erlösung aus Ägypten durch seine Gerechtigkeitsthaten (Mich. 6, 5), wie die zukünftige verheißene und ersehnte Erlösung durch die Erweisung

feiner königlichen Macht in den Gerichten feiner Gerechtigkeit zu=
fammen, vgl. Pf. 33, 12; 47, 3 ff.; 78, 67 ff.; 132, 14; 135, 4;
Jef. 14, 1; 41, 8 ff.; 43, 7 ff.; 44, 1 ff.; 49, 7; Jer. 33, 24;
Ezech. 20, 5; Sach. 1, 17; 2, 16; Pf. 105, 6. 7. 43. 44; Jef.
65, 9. 22. 23.

So weist uns die Hoffnung auf die richtende Gerechtigkeit
Gottes wieder auf den Ausgangspunkt unferer Erkenntnis feiner
Eigenschaften, auf feine in Erwählung fich bethätigende Heiligkeit
zurück. Heiligkeit und Gerechtigkeit Gottes verhalten fich zu ein=
ander wie Berufung bezw. Erwählung und Rechtfertigung. Ge=
rechtigkeit und Heiligkeit schließen fich wieder zusammen, und durch
das Verständnis dieses Zusammenhanges wird der Knoten, der
gerade hier nach gewöhnlicher Auffassung geschürzt erscheint,
fich löfen.

Die Frage nämlich ist unabweisbar: wie kann der heilige
Gott, „deffen Augen fo rein find, daß fie Böfes nicht fehen mögen,"
in richtender Gerechtigkeit für das Recht eines Volkes eintreten,
welches doch nicht Recht hat? Wie foll man die Bitte verstehen,
Pf. 143, 1. 2: „erhöre mich nach deiner Gerechtigkeit und gehe
nicht ins Gericht mit deinem Knecht, denn vor dir ist kein
Lebendiger gerecht"? und wie verträgt fich diefelbe mit der an=
scheinend entgegengefetzten Bitte, Pf. 7, 9: „richte mich Jhvh nach
meiner Gerechtigkeit"? Das Gericht der Gerechtigkeit Gottes foll
einem fündigen Volke, welches feinerfeits ebenfo wie feine Be=
brücker das Gericht zu fürchten hat, die Erlöfung bringen. Wie
ift das denkbar? Wie kann ein Sünder gerecht fein?

Wir müffen die Frage weiter ftellen: was gehört überhaupt
dazu, um gerecht zu fein? was heißt gerecht fein? und zwar nicht
im Sinne der griechischen Ethik, fondern viel ernfter im Sinne
des Gebets in Pf. 143, 2. Gerechtigkeit ift überall ein Ver=
hältnisbegriff und zwar nicht im Sinne des Verhältniffes zu einer
höchsten Norm, fondern in dem Sinne, daß er fich auf ein Ver=
hältnis zwischen zweien bezieht, welches als folches beftimmte An=
sprüche mit fich bringt, feien es Ansprüche, die man an ein Gerät
ftellt, um es gebrauchen zu können, an einen Weg, daß er nicht
falfch führe, an Wage und Gewicht, daß fie nicht trügen (Lev.
19, 36; Ezech. 45, 10; Hiob 31, 6; Pf. 23, 3), oder Ansprüche,
die man an andere zu ftellen hat. Das Verhältnis felbft ift die
Norm und ergiebt die Ansprüche, das Recht, welches man an

andern hat. Wer gerecht ist, entspricht den Ansprüchen, welche andere, Gott oder Menschen an ihn haben. Darum ist רָשָׁע der Gegensatz zu צַדִּיק, denn er übt Lug und Trug, vergewaltigt die Hilflosen und Elenden, und tritt die Ansprüche anderer mit Füßen. In Israel aber hat Gott als König seines erwählten Volkes das Recht oder die Ansprüche, die der eine an den andern hat, unter seinen Schutz gestellt, denn nur so kann das Volk bestehen — dies und nicht die Offenbarung der sittlichen Wahrheit, die Formulierung der sittlichen Aufgaben und Pflichten ist die Bedeutung des Gesetzes — und dadurch bekommt der Begriff der Gerechtigkeit zugleich religiöse Bedeutung. Gerecht ist der, der den Ansprüchen Gottes und der Menschen entspricht. Er übt Gerechtigkeit und hat deshalb Recht und hat darum die Gerechtig= keit Gottes für sich.

Aber nicht allein der hat Recht, der Recht thut, — auch der hat Recht, welcher Unrecht leidet, — und vorzugsweise in diesem Sinne, entsprechend der schlechten Wirklichkeit des Lebens — redet das Alte Testament von Gerechten. Sie sind es, die durch ihr Verhalten das Unrecht der andern strafen und dadurch die Gewalt= that derselben wider sich hervorrufen. Sie haben Recht und leiden deshalb Unrecht. Nun liegt es unabweisbar nahe, daß diejenigen, die der Regel nach Unrecht leiden, die Witwen und Waisen, die Armen, Geringen und Hilflosen als Gerechte be= zeichnet werden, denn sie haben ja Recht, und ihr Recht steht unter Gottes Schutz. Ihre einzige Hoffnung ist die Gerechtigkeit Gottes. Damit hängt eine sehr bedeutsame Erscheinung zusammen, daß nämlich nun auch einer, der wie Hiob seine Sünde bekennen Hiob 9, 2; 14, 2, und sich in der Erkenntnis demütigen muß: „vor dir ist kein Lebendiger gerecht", Ps. 143, 1. 2; 130, 3, dennoch für die Anerkennung und den Schutz seiner gerechten Sache an die Gerechtigkeit Gottes appellieren kann und darf, Hiob 13, 18; 16, 20 f.; 17, 8. 9; 42, 7; Jer. 12, 1 ff.

Von hier aus ergiebt sich endlich, daß nun auch der, der durch Gottes Eingreifen Recht bekommen hat, der Gerechtfertigte, zu dessen Gunsten Gott gerichtet hat, als צַדִּיק dasteht. Gerecht ist der, der Recht bekommen hat, Jes. 60, 21; 45, 23 ff.; 54, 17; Sach. 9, 9 ff.

Gerade die Thatsache nun, daß Gott durch die Erwählung Israels zu seinem Volk das Recht innerhalb desselben unter seinen Schutz gestellt hat, bringt es mit sich, daß bei denen, die Ernst machen mit ihrer auf der Thatsache dieser Erwählung beruhenden Religion, das Auge für das eigene Unrecht sich öffnet. Alsbald aber hält das eigene Unrecht dem Unrecht, das man leidet, die Wage, und je deutlicher die Freiheit der Erwählungsthat Gottes empfunden wird und je stärker sich das Verlangen geltend macht, daß es dabei verbleiben möge, desto unabweisbarer verbindet sich mit der Anrufung des göttlichen Rechtsschutzes die Bitte: „und gehe nicht ins Gericht mit deinem Knecht." Vollends aber, wenn die erfahrene Gewaltthat erkannt wird als das verdiente Gericht, woher soll dann der Mut zur Anrufung der Gerechtigkeit Gottes und des von ihr allein zu erlangenden Rechtsschutzes, der Errettung, kommen?

Hier tritt nun die Bedeutung der Erwählung Israels, der durch die Heiligkeit Gottes ihm widerfahrenen Aussonderung und Heiligung ins Licht, welche unser Problem löst. Israel hat im letzten Grunde nur ein objektives, nicht ein subjektives Recht auf Erlösung. Es ist ein sündiges Volk, und doch hat es eine gerechte Sache. Sein Recht vor andern Völkern und all seinen Feinden gegenüber ist seine Erwählung. Es ist ein ihm verliehenes Recht, woran es sich halten muß. Allerdings setzt dieses durch die Erwählung geschaffene Verhältnis Pflichten, die Israel zu erfüllen hat, aber nur damit die Erwählung nicht hinfällig werde und sich wandle in Verwerfung.[1]) Im letzten Grunde ist es nicht erst das durch die Erwählung geforderte Verhalten, sondern immer die Erwählung selbst, welche das Recht Israels begründet. Um ihretwillen kann Israel auch nachher Vergebung finden und findet sie; durch Vergebung erhält Gott sie aufrecht, vgl. namentlich Jes. 43, 20 ff., sowie die Anrufung der Treue Gottes, z. B. Exod. 32, 11 ff.; Deut. 9, 26 ff.; Dan. 9, 15. 16; Deut. 7, 9; 32, 4; Jes. 49, 7; Röm. 3, 3; 11, 29. Die Erwählung ist es allein, woran Israel sich halten kann; wenn es um seiner Sünden willen in die Hände seiner Feinde gegeben ist und ihm dadurch die Augen aufgegangen sind für seine Sünden, bleibt ihm nichts übrig, als um Vergebung zu

---

[1]) Es ist zu beachten, daß die Verwerfung, באם, nicht von den nicht Erwählten gilt, sondern nur die Aufhebung der Erwählung für die Erwählten bezeichnet, Jer. 33, 24; Pf. 78, 67 f. vgl. mit V. 59; Exob. 32, 32 f.; Jes. 14, 1; 41, 49; Sach. 1, 17; 2, 16. Vgl. Wörterbuch unter ἐκλέγεσθαι.

bitten. Seine eigene Gerechtigkeit ist wie Spinnweben, Jes. 59, 5. 6, und ein besudeltes Kleid, Jes. 64, 3; dennoch ist seine Sache, um derentwillen es bedrängt wird, eine gerechte Sache, und wenn es genug gedemütigt ist und zwiefältiges empfangen hat für seine Sünde, wird seine Gerechtigkeit offenbar werden, Jes. 40, 1 ff.; 51, 17 ff.; 54, 7. 14; 57, 15 ff.; 61, 1 ff.; Jer. 12, 1; Mich. 7, 9. Denn obwohl Israels Elend ein Strafgericht Gottes ist, so haben doch seine Bedrücker Unrecht, weil ihr Beweggrund nicht der Gehorsam gegen Gottes Befehl ist, der sie zu Schergen seines Gerichtes berufen hat, sondern die Feindschaft wider das erwählte Volk Gottes und im letzten Grunde wider Israels Gott, wider Jhvh selbst, Jes. 49, 24 ff.; 51, 21. Dieselbe Gerechtigkeit Gottes, welche die gerechte Sache des Knechtes Jhvhs schützt, Jes. 41, 10 vgl. mit V. 2, ist auch des verlassenen und wieder begnadigten Volkes Heil, Jes. 54, 14. 17; 58, 8.

Die Erwählung allein ermöglicht es Israel, auf Gott zu trauen, sich an ihm festzuhalten, an ihn zu glauben, zu seiner Gerechtigkeit Zuflucht zu nehmen in aller Bedrängnis und allem Druck, den es auszustehen hat. An seiner Erwählung, nicht an seinem Verhalten hat es eine unanfechtbare gerechte Sache, wider die niemand aufkommen kann, denn wer will mit Jhvh rechten? Diese seine gerechte Sache, die Erwählung, giebt ihm das Recht zu glauben und verpflichtet es zu glauben. Wen Gott nicht erwählt, hat dies Recht nicht. Daher: „gläubet ihr nicht, so bleibet ihr nicht", Jes. 28, 16; 7, 9; Deut. 1, 31 ff.; 9, 23. Ihn verlassen und auf andere Götter getraut oder Fleisch für seinen Arm gehalten zu haben, ist immer die Sünde Israels gewesen, für die es gestraft worden ist. Vgl. all die Stellen, in denen Israels Sünde mit den zwei Worten לא האמין bezeichnet ist. Israel muß immer wieder zu dem umkehren, den es verlassen hat, und seine Sünde bekennen, — eine andere Hilfe giebt es nicht und kann es nicht geben. Wen Gott nicht erwählt hat, hat überhaupt keine Hoffnung; wen er erwählt hat, hat keine andere Hoffnung als ihn.

So wird es nun auch verständlich, daß die gerechte Sache des um seiner Sünde willen den Feinden preisgegebenen Volkes nicht sittliche Fehllosigkeit ist, sondern sein Festhalten an Gott, האמין (vgl. Gen. 15, 6; Hab. 2, 3), dessen Bethätigung nun keine andere sein kann, als das Bekenntnis der Sünden. Sein objektives Recht ist, wie man auch sagen kann, seine Religion, sein subjektives, daß es seine Religion braucht oder Ernst macht mit ihr. Das thut, wer seine Sünden bekennt und das Angesicht Gottes wieder sucht, nachdem das Volk ihn verlassen hat. Das Gebet um Vergebung ist dann der einzig mögliche Ausdruck des Festhaltens an Gott, und dies Gebet ist für den, dem Gott durch die Erwählung das Recht dazu verliehen und die Pflicht dazu geboten hat, zugleich eine Anrufung der Gerechtigkeit Gottes: Die Erwählung ist das objektive Recht, der bußfertige Glaube als Ausübung dieses Rechtes das subjektive Recht Israels, und die Gerechtigkeit Gottes, die das Gebet erhört, ist zugleich Gnade für den, den er erhört. Es besteht kein Gegensatz zwischen Gerechtigkeit und Gnade, sondern die Bethätigung der Gerechtigkeit ist Gnade und die Erweisung der Gnade ist Gerechtigkeit — sie ist darum auch Lohn als Vergeltung des Glaubens, denn es besteht vor der Gerechtigkeit Gottes auch kein Unterschied zwischen Gnade und Lohn. Die Bethätigung der richtenden Gerechtigkeit Gottes ist Vergeltung des Glaubens und Harrens, ja auch Vergeltung des Unrechtleidens, Gen. 15, 1. 6; Jes. 40, 10; 62, 11; Jer. 31, 16; alles ist Gnade und alles ist Lohn, nur eins nicht, — die Grundlage des Anrechts an Gottes Gerechtigkeit, die Erwählung.[1])

Es ist eine großartige Anschauung, die uns so in der Religion Israels, d. h. in dem, was Religion Israels sein sollte, entgegentritt: Nur Gottes Gerechtigkeit, und zwar sein gerechtes Gericht, kann die Zuflucht derer sein, die Unrecht leiden, und weil das Unrecht die ganze Welt füllt, die Zuflucht derer, die unter dem Drucke des Weltlebens leiden. Aber — an Gottes gerechtes Gericht appellieren kann nur der, der Recht hat, und Recht hat niemand dazu, als wen Gott sich erwählt hat und wer durch diese Erwählung in Gegensatz zur ganzen Welt zu stehen gekommen ist. Der kann glauben. Nur der Glaube hat Recht, nur an ihm wird Gottes richtende und rettende Gerechtigkeit offenbar. So ist die richtende Gerechtigkeit Gottes die Lösung des Rätsels der Geschichte für die, die er erwählt hat.

Daß diese Anschauung der Wahrheit entspricht, bedarf keines Beweises, wenn unser Ausgangspunkt als richtig anerkannt wird,

---

[1]) Vgl. Wörterbuch, unter μισθός.

daß es auch für uns keine andere Verbindung mit Gott, keine andere Möglichkeit des Glaubens gebe, als die durch seine Erwählung begründete. Dann ist auch für uns die Aussicht auf seine richtende Gerechtigkeit die Lösung des Rätsels der Geschichte. Es ist aber selbstverständlich von der größten Bedeutung, daß die Grundanschauung des Neuen Testaments die gleiche ist. Schon die Verkündigung der βασιλεία τοῦ θεοῦ und seiner Gerechtigkeit für alle, die nach der rettenden Gerechtigkeit Gottes gehungert und gedürstet haben, weist darauf hin, Matth. 6, 33; 5, 6; sie bringt die ersehnte Vergebung, Luk. 1, 77, und die Verbindung der Verkündigung des Täufers mit der Taufe bezeugt die Zusammengehörigkeit von Reich Gottes, Gerechtigkeit und Vergebung. Ἤγγικεν ἡ βασιλεία τοῦ θεοῦ hieß für Israel zugleich selbstverständlich: ἤγγικεν ἡ δικαιοσύνη αὐτοῦ. Königtum Gottes, Reich Gottes, messianischer König, Gerechtigkeit Gottes, Gerichtshoffnung gehört für Israel unzertrennlich zusammen, und jeder Ton klingt mit, wenn auch nur einer von ihnen angeschlagen wird. Die Apostel verkündigen nicht mehr wie der Täufer und Christus die βασιλεία τοῦ θεοῦ, sondern Ἰησοῦν Χριστόν, d. i. den messianischen König, — der König tritt an die Stelle des Königreichs, das ist der ganze Unterschied. Wo Christus genannt wird, da ist vom Königtum und Königreich Gottes die Rede und die rettende Gerechtigkeit Gottes ist mitgedacht, — denn die erkorenen Zeugen Jesu sind messiasgläubige Juden. Die Hoffnung aber, die sie haben und verkündigen, ist der Tag der Parusie. Gerade dieses „älteste Dogma der Christenheit", der kommende Tag, der letzte Tag und das Warten auf ihn als auf den Tag der Erlösung als Grundzug des Glaubenslebens der messiasgläubigen Gemeinde in allen neutestamentlichen Schriften ist Beweis dafür, daß auch sie wie die alttestamentliche Gemeinde Gottes wartet und hofft auf das Gericht der Gerechtigkeit Gottes. Was ihr aber hilft, also zu warten, ist dies, daß sie im Glauben an Christus die Vergebung hat und darum hoffen kann, — dies ist der große Gegensatz gegen das ungläubige Israel und gegen das Dokument seiner in Furcht und Angst verwandelten Hoffnung, das es uns im 4. Buch Esra hinterlassen hat. Das ist auch der Unterschied der Hoffnung in der neutestamentlichen Apokalypse (6, 10; 15, 3; 16, 5. 7; 19, 2. Vgl. 7, 14; 16, 15; 3, 4. 18. — Joh. 17, 25; 1. Joh. 2, 29) von jener Hoffnung, die nur noch dem

Namen nach Hoffnung ist. Die Erfüllung dieser Hoffnung ist das einzige, was denen, die an den Messias Jesus glauben, noch fehlt. Die erwählende Liebe Gottes hat sich den ἔϑνη zugewendet und ihnen im Evangelium den Glauben dargeboten; diese That Gottes ermöglicht ihnen den Glauben und wer sie im Glauben hin= genommen hat, der hat die Gerechtigkeit Gottes für sich, der hat Vergebung der Sünden in Kraft des heiligen Geistes, ἀπαρχὴ καὶ ἀρραβὼν τῆς κληρονομίας εἰς ἀπολύτρωσιν περιποιήσεως, Eph. 1, 14. Er hat eine gerechte Sache in und an seinem Glauben an Stelle seiner Sünde, — er ist gerecht und kann hoffen; Gott hat sich an ihm bethätigt als δίκαιος καὶ δικαιῶν τὸν ἀσεβῆ τὸν ἐκ πίστεως, er aber spricht mit allen, die glauben: ἡμεῖς πνεύματι ἐκ πίστεως ἐλπίδα δικαιοσύνης ἀπεκδεχόμεϑα, Gal. 5, 5, τῇ γὰρ ἐλπίδι ἐσώϑημεν, Röm. 8, 24. Das sind die Erwählten, Röm. 8, 28 ff., die sich der Zukunft getrösten können, und um ihrer Erwäh= lung und ihres Glaubens willen heißen sie ἅγιοι, ἅγιοι καὶ ἠγαπη- μένοι, ἅγιοι καὶ πιστοί. Sie stehen annoch inmitten einer Welt, die Gott nicht kennt und dem Evangelium nicht glaubt. Solange sie in diesem Stande sich befinden — und das wird währen, bis das Evangelium vom Reich verkündigt ist in der ganzen Welt allen Völkern zu einem Zeugnis über sie, — so lange müssen sie warten auf das gerechte Gericht Gottes, welches ihr Recht offenbar macht und der Welt Unrecht giebt, „wenn anders es δίκαιον παρὰ ϑεῷ ist, Drangsal zu vergelten denen, die euch bedrängen, und euch den Bedrängten dafür Erquickung mit uns in der Offenbarung Jesu Christi vom Himmel her mit den Engeln seiner Macht in Feuerflammen, wenn er Rache nimmt an denen, die Gott nicht kennen und die dem Evangelium unsers Herrn Jesu nicht gehorchen, welche Strafe leiden werden, ewiges Verderben von dem Angesichte des Herrn und von der Herrlichkeit seiner Stärke, wenn er kommt, sich zu verherrlichen an seinen Heiligen und sich wunderbar zu erweisen an allen, die geglaubt haben" (2. Thess. 1, 4 ff.). Wenn der Kampf hinter ihnen liegt und sie bis zum Ende ihres Laufes Glauben gehalten haben, können sie mit Paulus rühmen: „vor mir liegt der Kranz der Gerechtigkeit, welchen mir der Herr an jenem Tage geben wird, der gerechte Richter, nicht allein aber mir, sondern allen, die seine Erscheinung lieb haben" (2. Tim. 4, 7 ff.).

So hat der berufene ἀπόστολος ἐϑνῶν auch der Heiden=

welt die Hoffnung auf das gerechte Gericht Gottes als die Lösung
des Rätsels der Geschichte gebracht, der Gesamtgeschichte, wie der
Geschichte des Einzelnen, indem er ihnen das brachte, was ihnen
eine gerechte Sache geben konnte: das Evangelium von Jesu.
Der Blick auf Jesus aber bestätigt uns die Wahrheit der gewonnenen Erkenntnis von der richtenden und rettenden Gerechtigkeit Gottes. Solch ungerechtes Blut ist „von dem Blute Abels
an" nicht vergossen worden auf Erden, wie das Blut Jesu; so
völlig hat noch nie die ganze Welt Unrecht gehabt — und hat es
noch, — wie Jesu gegenüber, so ist noch nie jemandem von der
Welt aus nur Unrecht widerfahren, wie ihm, und das alles von
der Flucht nach Ägypten an bis zum Tode am Kreuze nur um
der Sache willen, für die er da war, nur um seines Berufes
willen, um deswillen, was er war und sein wollte, der von Gott
gegebene verheißene Messias. So sehr man sich bemühte, einen
andern Grund zu finden für das Todesurteil, das man über ihn
fällen wollte, man fand keinen, als den einen, daß er eiblich bekannte, er sei der Christus, der Sohn des lebendigen Gottes.
Nur darum sollte in der Welt kein Platz für ihn sein. Er aber
stellte es dem heim, der da recht richtet. Nun mußte es sich ent-
scheiden, ob es eine Gerechtigkeit Gottes gebe. Es ist entschieden.
Gott ist eingetreten für seinen Gesalbten, nicht dadurch, daß das
Urteil der Nachwelt ein anderes geworden, als das seiner Mit-
welt. Das ist der Menschen Weise, aber nicht Gerechtigkeit
Gottes, „der Propheten Gräber zu bauen und zu schmücken der
Gerechten Gräber." Gott hat anders gerichtet, wunderbar in
jeder Beziehung. Er hat nicht die Welt gerichtet, die seinen
Christus, ihren Retter, von sich gestoßen, und doch hat er gerecht
gerichtet, denn er hat ihn von den Toten erweckt und ihn zu
seiner Rechten erhöht. Jesus aber hat nicht aufgehört, zu sein,
wozu der Vater ihn gesendet, sondern er ist es noch, und darum
— das ist das andere Wunder — ist es auch heute noch der
Welt möglich, aus ihrem Unrecht herauszukommen durch die
einzige gerechte Sache, die es geben kann, durch den Glauben an
Jesu. Dafür tritt wiederum Gott in seiner Gegenwart im
heiligen Geiste überall ein, wo er das Wort von Jesu verkündigen läßt, dafür wird er eintreten, wenn der letzte Tag gekommen ist, und das Ergebnis seines gerechten Gerichtes ist die gerechte Sache Jesu Christi und derer, die an ihn glauben. Das ist die

mit dem Glauben unauflöslich verbundene Gewißheit, der wir uns nicht entziehen können, sobald wir jenen Gegensatz Gottes zu unserer Sünde auf uns wirken lassen, von dessen Erkenntnis wir ausgingen.

Dies ist die wunderbare Gerechtigkeit Gottes, die sich uns in seiner Offenbarung erschließt, die Gerechtigkeit des Richters, deren Wesen es ist, justitia justificatoria und dadurch salvifica zu sein und die dies für uns, die Sünder, ist und uns verbürgt, daß wir warten dürfen auf „einen neuen Himmel und eine neue Erde, in welchen Gerechtigkeit wohnt", eine neue Welt, die nicht das Ergebnis der Entwicklung der Menschheit ist, sondern das Ergebnis der richtenden Gerechtigkeit Gottes am Ende der Tage, wenn der αἰὼν οὗτος abgelöst wird vom αἰὼν μέλλων. Es giebt eine richtende Gerechtigkeit Gottes, die nicht unser Schrecken, sondern unsere Zuflucht und Hoffnung ist, wenn das Rätsel der Geschichte, der Weltgeschichte und unseres eigenen Lebens uns bedrückt. Denn es giebt auch eine Gerechtigkeit, die wir, die Sünder, haben können, die Gerechtigkeit des Glaubens, der zur Gerechtigkeit gerechnet wird und in dem wir warten „der Gerechtigkeit, die man hoffen muß." Die Gerechtigkeit Gottes aber — das ist nun die Definiton, die sich uns ergiebt, — ist die Bethätigung seiner Macht im Gericht in Gemäßheit seiner Heiligkeit zu Gunsten derer, die er erwählt hat, „daß sie an ihn glauben sollten zum ewigen Leben" und die mit diesem Glauben Recht haben inmitten einer Welt, welche an ihrem Unrecht, an dem in ihr waltenden Gesetz der Sünde und des Todes zu Grunde gehen muß. Heiligkeit und Gerechtigkeit Gottes verhalten sich und gehören zusammen, wie unsere Erwählung und unsere Rechtfertigung. Die Verwerfung der Welt, die Jesum verworfen hat und dem heiligen Geiste widerstrebt (Act. 7, 51), besagt nur, daß sie „nicht kommt in Gottes Gerechtigkeit" (Pf. 69, 28), daß sie die justitia justificatoria nicht erfährt, sondern an ihrer Sünde zu Grunde geht. Das κατάκριμα, das über sie ergeht, ist das Gegenteil der δικαίωσις und widerfährt ihr um ihres Unglaubens willen.

So ergiebt sich aus den Eigenschaften der Heiligkeit und Gerechtigkeit Gottes zugleich, welches das rechte Verhalten zu ihm, das Wesen der Offenbarungsreligion ist, solange es eine solche giebt, überhaupt die einzige Verwirklichung dessen, was Religion, Haben Gottes, wirkliche Verbindung mit Gott ist: der Glaube, der zur

Gerechtigkeit gerechnet wird, neuteftamentlich bie πίστις Ἰησοῦ, baß er fei ber Χριστός, in ihm יְהֹוָה צִדְקֵנוּ. Diefes Ergebnis ift bie Probe auf bie Richtigkeit ber gewonnenen Erkenntnis.

3. Die Weisheit Gottes.

In feiner Offenbarung beweift Gott, baß er allein ben Aus= weg weiß und wirkt aus bem bunklen Rätfel ber Gefchichte. Nur burch feinen ber fünbigen Welt geltenben, nicht aus bem Gefeß ber Folgerichtigkeit zu begreifenben Ratfchluß ber Erlöfung wird es begreiflich, baß unb wozu eine Welt noch befteht, bie, weil fie ihrerfeits an bas Gefeß ber vernunftmäßigen unb fittlichen Folge= richtigkeit gebunben ift, keine anbere Ausficht hat, als an fich felbft, an bem in ihr herrfchenben Gefeß ber Sünbe unb bes Tobes zu Grunbe zu gehen. Nur burch bie ebenfo wunberbare Ausführung biefes Ratfchluffes in Chrifto befteht fie wirklich, unb nur burch jene Ausführung besfelben, bie wir an uns felbft er= leben in ber Wirkfamkeit bes heiligen Geiftes, ift uns bas Enb= ergebnis einer neuen Welt gewiß, in welcher Gerechtigkeit wohnt unb in welcher ohne jegliche Hemmung unb Einfchränkung offen= bar wird, was bas heißt unb in fich fchließt, baß Gott bie Liebe ift, ober baß er alles, was er ift, nach feinem ewigen Willen für eine Welt fein will, bie er für biefen Zweck gefchaffen, erhalten unb erlöft hat. So ergiebt fich uns in ber Erkenntnis biefes feines Ratfchluffes unb feiner gefchehenen unb noch fortgehenben Ausführung bie Erkenntnis ber Weisheit Gottes. Die Weisheit Gottes ift bie Erhabenheit feines ber Welt geltenben Heils= ratfchluffes über bas Gefeß ber Folgerichtigkeit, wie er fie be= thätigt hat, bethätigt unb bethätigen wird in ber Erlöfung unb ihrer Vollenbung. So fchließt fie fich zufammen mit feiner Heilig= keit unb Gerechtigkeit, in ber er feinen Gegenfaß gegen bie Sünbe nicht, wie es bloß folgerichtig wäre, zu unferm Verberben, fonbern „über alle Vernunft" zu unferer Erlöfung bethätigt. Deshalb kann man genauer fagen, bie Weisheit Gottes fei bie Erhabenheit feiner zwecfeßenben unb bie Mittel bazu orbnenben Liebe über bas Gefeß ber Folgerichtigkeit, wie fie fich, ohne basfelbe aufzuheben ober zu verneinen, für bie fünbige Welt unb an ihr bethätigt zu ihrer Erlöfung unb unfern Glauben ebenfo wirkt wie forbert. In biefer Beziehung auf bas Rätfel ber Gefchichte unb auf unfere

Erlöfung liegt unfer religiöfes Interesse an ihr, dem es nicht
entspricht, sie ihrem Umfange nach und also quantitativ als All=
weisheit zu bezeichnen, wie es vielfach Sitte ist, sondern höchstens,
wenn die Wortbildung erlaubt wäre, als Alleinweisheit des μόνος
σοφός, Röm. 16, 27.

Es ist klar, daß und weshalb außerhalb der Offenbarungs=
religion von dieser Weisheit ebensowenig geredet wird, wie von
Heiligkeit und Gerechtigkeit Gottes. Denn wenn schon die Welt
in ihrer Weisheit außerhalb der Offenbarungsreligion sich des
eigentlichen Welträtsels nicht bewußt geworden ist, so konnte sie
noch weniger wissen, daß und wie dasselbe allein gelöst werden könne
durch freien Liebeswillen und freie Liebesthat Gottes. Deshalb kann
es nicht befremden, daß auch die Philosophie der Griechen, die
Ideenlehre Platos und der Logos der Stoa, die göttliche Welt=
vernunft, nicht bloß nicht heranreichen an die Erkenntnis der
Weisheit Gottes, die sich in seiner Offenbarung erschließt, sondern
im Grunde sich gegensätzlich dazu verhalten. Ebenso aber wird
es begreiflich, daß erst dort, wo die Religion der Offenbarung in
Berührung kam mit den Versuchen, die Rätsel des Daseins zu
lösen, also mit der Philosophie der alten Welt, auch das Wort
sich einstellt für die Eigenschaft dessen, der diese Rätsel allein und
wirklich zu lösen weiß und löst. Darum finden wir den Begriff
der Weisheit Gottes erst in der Zeit, in der Israel mit der Philo=
sophie der Griechen in Berührung kam. Dort wird er zunächst auf
die weltordnende Weisheit Gottes im allgemeinen bezogen, wie
sie sich nicht in einer jenseitigen Idealwelt, sondern in der zweck=
vollen, Maß und Ziel setzenden Schöpfung und Erhaltung der
Welt und in ihrer Bindung an eine sittliche Ordnung, an das
Gesetz bethätigt, Prov. 3, 19 ff.; 8, 1 ff. V. 21 ff.; Hiob 28, 24 ff.
Später und insbesondere seit die Offenbarung in Christo den
Boden der Völkerwelt betritt, wird diese Weisheit auf das Er=
lösungswirken Gottes als ihr eigentliches Gebiet bezogen. Sie ist
„die im Geheimnis verborgene Weisheit, welche Gott zuvor ver=
ordnet hat zu unserer Herrlichkeit, welche niemand von den
Obersten dieser Weltzeit erkannt hat, denn wenn sie sie erkannt
hätten, hätten sie den Herrn der Herrlichkeit nicht gekreuzigt"
(1 Kor. 2, 7; vgl. 1, 21). Darum ist Christus Gottes Kraft
und Gottes Weisheit (1 Kor. 1, 24), und in ihm sind alle
Schätze der Weisheit und der Erkenntnis verborgen, Kol. 2, 3. 8.

Paulus betet fie an beim Rückblick auf den in Erwählung fich vollziehenden Ratfchluß Gottes, Röm. 11, 33, wie fie einft am Ende der Wege Gottes, Apof. 7, 12, vgl. 5, 12, gepriefen werden wird, und wie fie jetzt und ewig den Gliedern der oberen Welt herrlich erfcheint an der Gemeinde, die durch fie erlöft ift, Eph. 3, 10. Von diefer auf die Erlöfung fich beziehenden Weisheit ift in den Schriften des Alten Bundes die Rede, wo von dem Geheimnis Gottes, feinem Ratfchluß, dem wunderbaren Rat und Willen deffen gehandelt wird, der keines Ratgebers bedarf und feine Sache herrlich hinausführt, Jef. 28, 29; 40, 13. 28; Pf. 25, 14; 33, 10. 11. Wir können freilich das Gebiet der Schöpfung und Erhaltung nicht von ihr ausfchließen, können uns aber trotzdem nicht mit der Definition begnügen, fie fei die Voll= kommenheit des Weltgedankens Gottes, da hierdurch die Erlöfung in notwendigen Zufammenhang mit der Schöpfung als Vollendung derfelben gebracht wird. Die Weisheit Gottes bewirkt es, daß fie trotz der eingetretenen Sünde den Schöpfungszweck nicht auf= zugeben braucht; aber gerade dadurch wird erft von der Erlöfung aus klar, daß fie fich auch in der Schöpfung zweckfetzend bethätigt habe, wie denn auch erft von der Erlöfung aus der Zweck und die Kraft der Welterhaltung begriffen wird.

So find es nicht drei gleichgeordnete Gebiete, nicht drei koordinierte Äußerungen, Schöpfung, Erhaltung und Erlöfung, in denen fich die Weisheit Gottes bethätigt, fondern ihr fonderliches Gebiet und ihre fonderliche Bethätigung ift die Erlöfung, in der die Erhaltung ihren Zweck hat und die Schöpfung ihren Zweck wiederfindet. Umfomehr wird die chriftliche Erkenntnis dies zu betonen haben, als gerade der Chrift bei feiner Erfahrung des gefchloffenen Weltzufammenhanges in Natur und Gefchichte fich nicht verbergen darf, daß wir es in diefem Zufammenhange mit einem in fich felbftändigen Leben zu thun haben, von dem das auf unfer Heil gerichtete Walten Gottes fo unterfchieden ift, daß fein Ergebnis das gerade Gegenteil des Weltzufammenhanges ift. Des Chriften Glaube und Hoffnung ift nicht der Naturzufammen= hang in feiner großartigen Gefchloffenheit und Kraft; wenngleich auch diefer ein Werk der Hände Gottes ift, fo ift fein Wirken doch nicht gleich Gottes Wirken. Auch die Formel: Natur und Gott hilft dem Chriften nicht. Ebenfowenig aber ift die Gefchichte und die der griechifchen Philofophie entftammende „Vernunft in der

Geschichte" seine Hoffnung, denn seine Erfahrung und sein Ver=
ständnis des Geschichtszusammenhanges und des trotz aller Be=
thätigung des menschlichen Geistes darin waltenden Gesetzes der
Sünde und des Todes nimmt ihm den Glauben daran. Der
Gedanke der Vernunft in der Geschichte ist für ihn im günstigsten
Falle ein unzulänglicher Versuch, das eigentliche Welträtsel zu
lösen; er kann aber auch viel ernster und abweisender zu be=
urteilen sein, nämlich als der Versuch, der wirklichen Lösung des
Welträtsels zu widersprechen und ihr eine andere gegenüber=
zustellen. Was dieser Gedanke nicht leisten kann, das giebt uns
die Erkenntnis und Anerkennung der Weisheit Gottes, die über
der Geschichte waltet. Sie ist es, die auf der einen Seite die
die Geschichte lebenden und führenden Personen und Mächte
nötigt, mit oder wider Willen ihr und ihren Zwecken zu dienen,
und die es ihnen andererseits unmöglich macht, Gottes Zwecke und
Ziele mit endgültigem Erfolge zu hindern. Nicht die Vernunft und
mit ihrer Macht und ihren Mitteln, sondern nur Gottes Weisheit
triumphiert auf Gottes sonderlichen Wegen über Sünde und Tod.
Denn, wie Luther unnachahmlich übersetzt, „da die Welt in ihrer
Weisheit Gott in seiner Weisheit nicht erkannte," hat Gott be=
schlossen, durch die Thorheit der Verkündigung zu retten — nicht
die Weisen, sondern die Glaubenden, 1 Kor. 1, 21 ff.

Die Weisheit Gottes, die uns gewiß wird durch die Be=
thätigung seiner erlösenden Liebe für uns und an uns, wirkt und
fordert, daß wir ihm vertrauen auf den dunklen Wegen, auf
denen die Geschlossenheit des Weltzusammenhanges und die Un=
vernunft der Geschichte gerade diejenigen bedrängt, die etwas
anderes erwarten können, als sie finden, und die deshalb darauf
angewiesen sind, auf die Gerechtigkeit Gottes zu hoffen, Pf. 73.
Hier liegt ein fast noch größeres Rätsel vor, als das bisher be=
tonte Rätsel der Geschichte, nämlich das Rätsel der Geduld Gottes,
die der Sünde nicht wehrt und mit der Hilfe für seine Kinder
verzieht. Sobald wir erkannt haben, daß nur auf Grund des
göttlichen Erlösungsratschlusses die sündige Welt Bestand hat,
sobald wissen wir auch, woher es kommt, daß die Sünde noch
geschieht und noch regiert in der Welt. Auch sie, die Sünde,
lebt sozusagen nur davon, daß der Welt Gottes Erlösungsrat=
schluß gilt. Daß dadurch Gottes Zwecke nicht zunichte werden,
ja daß auch dies schließlich dazugehört, um die Erlösung herbei=

zuführen — vgl. Gen. 50, 20; Act. 2, 23 — das gehört auch
zu der Erhabenheit Gottes über das Gesetz der Folgerichtigkeit.
Unter der Gebuld Gottes begiebt sich die Geschichte der Welt.
Ja nicht bloß Gebuld ist es, die er übt, sondern, wie wir bei
der Erörterung der Allmacht Gottes sehen werden, mehr als Gebuld. Es ist eine besondere Bethätigung seiner Macht, daß er
eine Welt erhält, die nicht mehr bestehen könnte, wenn er sich
bloß folgerichtig zu ihr und ihrer Sünde verhielte. Folgerichtig ist,
daß er sie seinen Gegensatz zur Sünde fühlen läßt; nicht folgerichtig, sondern Freithat seiner Liebe ist es, wie er diesen Gegen=
satz bethätigt, indem er die Welt erhält für die Erlösung. So
entsteht das Rätsel, daß es durch die göttliche Welterhaltung
sogar zu einem Reiche der Sünde kommt — ein Rätsel, welches
sich dem Glauben, der der Weisheit Gottes gewiß ist, löst
durch den Blick auf die stillen Wege Gottes, auf denen sich
die Erwählung vollzieht, von der Erwählung Israels an bis
zur Zeit der Weltmission, in der wir leben. Denn die Welt=
mission ist ja nichts anderes, als die Vollziehung der göttlichen
Erwählung an und in der Völkerwelt. Diese Wahrnehmung,
die eigene Erfahrung der göttlichen Erwählung durch das be=
rufende Wort des Evangeliums von Christo und durch die Wirk=
samkeit seines heiligen Geistes läßt uns die Wege erkennen, die
seine Weisheit einschlägt, und erhält dadurch in uns die Zuversicht,
daß sie ihre Zwecke unbedingt zum Ziele führt. Der ganze Welt=
zusammenhang, in dem es mehr und mehr zu einem bewußt ein=
heitlichen Leben der Menschheit kommt, muß dieser Mission und
dadurch dem Erwählungswillen Gottes dienen, denn das verheißene
Ende kommt nicht eher, als bis das Evangelium vom Reiche Gottes
verkündigt ist in der ganzen Welt allen Völkern zu einem Zeugnis
über sie, Matth. 24, 14. Das ist die Gewißheit, die uns der
Glaube an die Weisheit Gottes giebt, und zugleich ist dies das
Verständnis der Geschichte, welches wir ihrer Erkenntnis verdanken.
Das gesamte geschichtliche Leben der Menschheit sowohl in der Ent=
faltung des Reichtums all seiner Kräfte wie in der Erfahrung seiner
Beschränktheit durch das Gesetz der Sünde und des Todes muß
dazu dienen, die Menschheit bereit und geneigt zu machen für die
Selbstdarbietung Gottes in erwählender Liebe, für die Erlösung.
Was als Verzug der Verheißung erscheint, ist Gebuld Gottes, die
er in seiner Weisheit übt, damit alles, was sich begiebt im Guten

wie im Bösen dem einen Zweck und Ziele diene, zu retten, die sich retten lassen wollen.

Die Erhabenheit Gottes über das Gesetz der Folgerichtigkeit schließt den geschlossenen Zusammenhang seiner Wege nicht aus. Derselbe kann vielmehr nicht einheitlicher und geschlossener sein, als er ist. Ebensowenig verneint sie dieses Gesetz, bestätigt es vielmehr, indem Gott uns gerade in seiner Offenbarung zur rückhaltlosen Anerkennung desselben nötigt. Aber die Beschränkung durch das Gesetz der Folgerichtigkeit ist schlechthin von ihm ausgeschlossen. Gott verhält sich folgerichtig zu uns, indem er uns zu erfahren giebt und zu erkennen nötigt, was es mit unserer Sünde und seinem Gegensatz zu derselben auf sich hat. Er verhält sich aber in seiner Offenbarung über alle Folgerichtigkeit hinaus als Erlöser, indem er uns das Gegenteil dessen darbietet, was allein folgerichtig für uns wäre. Denn daß die Erlösungsoffenbarung nicht das folgerichtige Ergebnis unseres Verhaltens ist, ist selbstverständlich. Der Glaube aber erträgt es auch nicht, sie als die folgerichtige Ausführung des göttlichen Weltzwecks zu bezeichnen, weil dadurch mindestens der Anschein entsteht, als sei Gott durch seinen Weltzweck gebunden, die sündig gewordene Welt zu erlösen. Jede Art von Folgerung der Erlösung aus dem Weltzweck oder „Selbstzweck" Gottes ist einem Glauben unmöglich, dessen Halt gerade die absolute Freiheit der göttlichen Erwählung ist. Das aber weiß der Glaube, den Gott gewirkt hat, daß, der das gute Werk angefangen, es auch vollenden will und wird, und zwar so, daß wiederum an jedem Punkte sowohl der Gegensatz zur Folgerichtigkeit im Verhältnis zu uns und unserer Sünde, als auch die unbedingte Treue der Liebe sich herausstellt, welche nicht nach dem Gesetz der Entwicklung, sondern nach der entgegengesetzten Regel verfährt: wo die Sünde mächtig geworden ist, da ist doch die Gnade viel mächtiger geworden. Darum ist das folgerichtige Schließen aus Gottes Offenbarung auf seine Wege und Ziele ein anderes und dennoch ein sichereres, als das der Vernunft auf das, was folgerichtig ist.

So ergiebt sich für den Christen durch die Erkenntnis der Weisheit Gottes in seiner Offenbarung die Gewißheit einer Teleologie des Weltzusammenhanges. Nicht als sollte die Welt zu etwas außer ihr Liegendem dienen, und nicht als gelte es nun etwa für die christliche Wissenschaft, einen besonderen Endzweck jeder Einzelerscheinung zu ergründen, um sie zugleich aus ihm zu

begreifen. Alles Einzelne will aus dem Zusammenhange von
Ursache und Wirkung begriffen werden, in dem es erscheint, und
zwar nach dem Gesetz: alles ist Same und alles ist Frucht.
Können wir Gott wahrnehmen und erkennen an der zum Glauben
verpflichtenden und berechtigenden Kraft, die von ihm, von seiner
Offenbarung ausgeht, so können wir auch im Lichte seiner Offen=
barung diejenigen Gotteswirkungen erkennen, in denen seine Gegen=
wirkung gegen die Sünde erscheint sowohl in seinen Gerichten in der
Geschichte, wie in den Wegen seiner Erwählung. Diesen Spuren
dann mindestens in der jedesmaligen Gegenwart nachzugehen
und nachzudenken ist die Pflicht der christlichen Gemeinde. Das
ist der Teil der Geschichte, den sie verstehen muß. Damit ist
zugleich gegeben, daß sie nicht blind sein darf für den geschlossenen
Geschichtszusammenhang des Selbstlebens der Welt, dem Gottes
Offenbarung entgegenzuwirken bestimmt ist und demgegenüber sie
darauf angewiesen ist, der Weisheit Gottes zu trauen und auf
das endliche Gericht seiner rettenden Gerechtigkeit zu hoffen. In=
dem wir uns als Endzweck der göttlichen Selbstoffenbarung er=
kennen, erkennen wir uns und unser Heil auch als den Endzweck alles
Seins und Geschehens, sei es, daß darin sich jene Gegenwirkung
Gottes bethätigt oder daß Gott jene Geduld übt, die auch die That=
sache des Reichs der Sünde hat werden lassen und dadurch uns
nötigt, auf die noch zukünftige Offenbarung seiner Gerechtigkeit zu
warten. Für uns ist alles da, für uns geschieht es. Wir sind
es, die die Frucht und Wirkung alles Geschehens, auch des vor
Jahrtausenden Geschehenen, genießen sollen, sowohl des Sieges
der Griechen über die Perser und der Römer über die Karthager,
als der Erwählung Abrahams und der Erlösung Israels aus
Ägypten. Alles drängt sich immer wirksamer zusammen, Ver=
gangenheit und Gegenwart, auf das Geschlecht, welches die letzte
Zuspitzung des Gegensatzes zwischen Gott und der Geschichte, das
Endergebnis der Geschichte und das diesem Endergebnis entgegen=
gesetzte Ziel und Ende der Wege Gottes erlebt. Das ist die
Gewißheit des Glaubens an die Weisheit Gottes in der Be=
thätigung seines Gegensatzes gegen die Sünde in Heiligkeit und
Gerechtigkeit, die Gewißheit des Glaubens an die vollendete Aus=
führung seines Ratschlusses zur Lösung des Rätsels der Geschichte
durch die Erlösung.

Heiligkeit, Gerechtigkeit und Weisheit sind diejenigen Eigen= schaften Gottes, in denen sich der seine Offenbarung bestimmende Gegensatz gegen die Sünde Ausdruck giebt. Was man sonst noch als Eigenschaften Gottes aufzählt, die sich in der Offenbarung erschließen, sind nicht besondere Eigenschaften, sondern nur Er= scheinungsweisen dieser drei genannten. Seine Unverletzlichkeit und Reinheit ist in seiner Heiligkeit beschlossen; seine Güte, Barmherzigkeit, Gnade, Treue und Wahrhaftigkeit sind Erweisungen seiner Gerechtigkeit; seine Langmut und Geduld gehören zu seiner Weisheit. Die auf unsere Erlösung gerichtete Bethätigung Gottes in Heiligkeit, Gerechtigkeit und Weisheit ist nicht das folgerichtige Ergebnis seiner Weltherrschaft und seines Gegensatzes zur Sünde, sondern schlechthinige Freithat seiner Liebe, der es wesentlich ist, über das Gesetz der denknotwendigen wie der sittlichen Folge= richtigkeit erhaben zu sein. Damit ergiebt sich, daß die Gottes= erkenntnis der Offenbarungsreligion in ihrer zum Glauben ver= pflichtenden und den Glauben wirkenden Wahrheit nicht das Er= gebnis einer vermuteten geistig=sittlichen Entwicklung sei's eines be= vorzugten Volkes, sei's einiger über den Durchschnitt hervorragenden Charaktere sein kann, nicht Errungenschaft oder Entdeckung des in die Erkenntnis des Weltzusammenhanges hineinwachsenden Geistes. Die Religionen sind Produkt des Menschengeistes, ebenso der Versuch ihrer Verbesserung durch Umsetzung in Philosophie. Die Religion aber, die wirklich Religion ist, wirkliche Verbindung mit Gott, und zwar der Sünder mit Gott, beruht durchaus und kann nur beruhen auf Offenbarung, auf Selbstbethätigung Gottes in seiner über alle Folgerichtigkeit erhabenen Liebe. Durch sie erkennen und erleben wir, daß das Verhältnis zwischen Gott und Welt sich nicht in der Kraft ewiger, unwandelbarer Gesetze, son= dern in Freiheit vollzieht. Erst diese Freiheit giebt uns einen lebendigen Gott. Gebundenheit Gottes und seines Verhältnisses zur Welt an das Gesetz der Folgerichtigkeit ist Gottes Tod, d. h. dann bedarf es keines Gottes; er ist dann im Grunde nichts anderes, als das in der Welt selbst liegende Gesetz der Folgerichtig= keit, des Zusammenhanges zwischen Ursache und Wirkung, welches jedes Personleben, jedes Personverhältnis vernichtet. Für Freiheit, für sittliche Maßstäbe 2c. ist dann kein Raum mehr. Gebundenheit ist das Gegenteil von Macht, Macht aber ist Freiheit. Erst die freie Macht Gottes erhebt auch uns über den geschlossenen Weltzusammen=

hang zur Freiheit in dem von der Wahrheit Gottes geforderten und gewirkten Glauben. In seiner Macht und Freiheit ist Gott der lebendige Gott, der allein und wirklich Gott ist. Indem er in Freiheit über sich verfügt, um alles, was er ist, für uns zu sein, haben wir an ihm und in ihm das Leben, das ewige Leben, denn der lebendige Gott ist nicht ein Gott der Toten, sondern der Lebendigen.

So wird erkannt, daß der Gott der Offenbarung, der Heilige Israels, der Gott unserer Väter, der Vater unseres Herrn Jesu Christi allein und wirklich Gott ist, und ebenso wird dadurch erst kund, was Gott sein eigentlich heißt, oder welches der ganze volle Inhalt des Prädikates Gott ist. Dadurch ergiebt sich der Einfluß, den die bisher gewonnene Erkenntnis auf das Verständnis der in diesem Prädikat enthaltenen Eigenschaftsbegriffe haben muß. Der Gott, der in Freiheit handelt, um alles, was er ist, für uns zu sein, ist als Herr seiner selbst auch Herr der in dem gottheitlichen Prädikat sich zusammenschließenden Vorstellungen über das Verhältnis zwischen ihm und der Welt. Das Prädikat Gott besagt, daß der, dem es zukommt, die der Welt schlechthin übergeordnete Macht ist. Es ist also der Ausdruck für ein einzigartiges, nicht Gott, aber die Welt bindendes Verhältnis. Gott ist frei in seinem Verhältnis zur Welt, die Welt ist an ihn gebunden. Diese Gebundenheit der Welt an Gott in den verschiedenen Beziehungen, welche mit dem Unterschied des bedingten Seins von dem bedingenden gesetzt sind, ergiebt für Gott die Eigenschaften der Allmacht, Allgegenwart, Allwissenheit, Ewigkeit und Unveränderlichkeit. Die Aufgabe ist nun, diese Eigenschaften als Eigenschaften des Gottes der Offenbarung zu verstehen, um auch ihre Bedeutung für den Zweck Gottes, für unsere Erlösung und dadurch für unsern Glauben zu erkennen.

Dabei ist von vornherein ein zweifaches Ergebnis unserer bisher gewonnenen Erkenntnis festzuhalten. Erstens: wie die Aussage, daß der Vater unseres Herrn Jesu Christi, der Gott der Offenbarung, allein und wirklich Gott sei, eine Glaubensaussage ist, so sind auch die genannten, den Gottesbegriff ausmachenden Eigenschaften Glaubensaussagen, die aus keiner andern Wirklichkeit als derjenigen dargethan werden können, mit der es der Glaube zu thun hat. Z. B. nur der Glaube erkennt am Himmel die Zeugnisse der Macht Gottes. Zweitens: all diese Eigenschaften sind nicht mit irgend welcher Naturnotwendigkeit, sei es auch unter dem Titel göttlicher Wesensnotwendigkeit sich auswirkende Bestimmt= heiten Gottes, die bei jeder Berührung mit einem andern Sein so= fort von selbst wirksam werden. Gottes Eigenschaften sind sein Wille. Nicht die Eigenschaften sind Herr über Gott, sondern er ist Herr über sie, d. h. sie alle dienen ihm und müssen ihm dienen, um sich in Freiheit zu uns zu verhalten und unsere Freiheit zu wirken. Wenn Gott schon seinen Gegensatz zu unserer Sünde, den wir bereits beim bloßen Gedanken an Gott als Gegensatz empfinden, dennoch in ungeahnter wunderbarer Freiheit bethätigt, wieviel weniger sind jene im Gottesbegriff gesetzten Eigenschaften solche, die unabhängig von seinem Willen wirksam sind. Sie sind zunächst nur Formbestimmtheiten; ihren Inhalt empfangen sie durch das Subjekt.

Die in dem Gottesbegriff enthaltenen Eigenschaften im Lichte der Offenbarung.

1. Die Allmacht Gottes.

Dem Glauben ergiebt sich aus der Thatsache der Erlösung sowohl die Thatsache der göttlichen Allmacht wie der Inhalt dieses Begriffs. Wer in so wunderbarer Weise wie Gott in seiner Offenbarung den Gegensatz, in welchem er sich zur sündigen Welt befindet, bethätigt, daß es zu ihrer Erlösung gereicht, der hat sie und ihr Geschick damit für immer an sich und nur an sich gebunden. Wer in dem, den Gott uns gegeben, in Christo die Thatsache seiner Erlösung erkennt, die ihm Befreiung bietet von der ihn sonst zermalmenden Geschlossenheit des Weltzusammenhanges, dem ist diese Freiheit eine That dessen, der mächtiger ist, als die ganze Welt. Dem Gott, der in der Selbstbethätigung seiner Liebe in absoluter Freiheit handelt, der nicht gebunden ist durch das den Weltzusammenhang für jeden unzerreißbar machende Gesetz der Folgerichtigkeit, dem ist nichts unmöglich. Das ist seine Allmacht, — das Gegenteil dessen, was sowohl die Erfahrung wie die Erforschung des Weltzusammenhanges in Natur und Geschichte uns zu erkennen giebt. Nur der Christ, nur wer Gott aus seiner Offenbarung kennt, weiß, daß Gott allmächtig ist, denn nur er hat den Beweis dafür in dem Glauben, zu dem ihn die Offenbarung verpflichtet und den sie in ihm gewirkt hat. Es ist eine eigentümliche und bedeutsame Erscheinung, daß uns nirgend eine so tiefe Empfindung des großen festgeschlossenen Zusammenhanges des Weltlebens und dies trotz mangelhafter Naturerkenntnis begegnet, wie auf dem Gebiet der Offenbarungsreligion, bei den Frommen, den Knechten Gottes Alten und Neuen Bundes, also gerade dort, wo wir den entschiedensten Glauben an die Allmacht Gottes finden. Der Gedanke der Allmacht Gottes steht nicht in Wider= spruch mit der Thatsache dieses Zusammenhangs, sondern empfängt durch das Verhältnis Gottes zu demselben erst seine ganze Fülle und Kraft. Die Allmacht Gottes ist die Übermacht des Gottes der Erlösung über den in sich geschlossenen Weltzusammenhang in Natur und Geschichte. Sie ist die darin sich bethätigende Erhabenheit seiner Liebesmacht über das Gesetz des Weltzusammenhanges oder die Bestimmtheit seiner Macht durch die Liebe, in der er alles, was er ist, für uns sein will. Seine Macht hat keine andern Grenzen, als den Willen seiner Liebe oder als ihn selbst. Dadurch ist die Welt völlig an ihn und nur an ihn gebunden, auch die Welt und gerade die Welt, die von sich selbst und durch sich selbst leben und von Gott nichts wissen will.

Von hier aus ist dem Christen selbstverständlich, daß alles, was außer Gott ist, die ganze Welt ihr Dasein und ihren Fort= bestand dieser Allmacht Gottes verdankt. Die Erlösung ist dem Christen der Beweis für die Schöpfung und Erhaltung der Welt durch Gott. Eben darum geht ihm die Allmacht Gottes nicht auf in der Schöpfung und Erhaltung. Zunächst nicht in der Schöpfung, denn schon die Erhaltung ist eine größere Machtthat als diese, und wiederum eine größere Machtthat ist die Erlösung und ihre Aus= führung an der Welt. Auch die Schöpfung ist wie die Erlösung eine Freithat seiner Liebe, denn nichts giebt es, was ihm dieselbe abgenötigt hätte. Von dieser Freiheit Gottes auch in der Schöpfung, und wie wir derselben inne werden, ist schon früher die Rede ge= wesen. Noch mehr aber ist die Erhaltung eine freie That seiner allmächtigen Liebe. Denn der Fortbestand einer Welt, die an sich selbst, an dem in ihr herrschenden Gesetz der Sünde und des Todes folgerichtig nur zu Grunde gehen kann, ist nur möglich durch eine besondere Bethätigung der Macht Gottes im Zusammenhange seines Erlösungswillens. Nur auf Grund des Erlösungsratschlusses gilt das Wort: „was unser Gott erschaffen hat, das will er auch er= halten." So gilt, daß er „alles trägt mit dem Worte seiner Kraft." Im Zusammenhang damit beweist und bewährt sich dann die All= macht weiter in all den Thaten Gottes, die zur Aus= und Durch= führung seines Heilsratschlusses gehören von der Erlösung Israels aus Ägypten an bis zur Auferweckung Christi und bis zur schließ= lichen Ausführung des Gerichtes seiner Gerechtigkeit in der Heilsvoll=

enbung, über dessen Zusammenhang mit der Macht Gottes schon die Rede gewesen ist. Ohne die Erlösung wäre die Thatsache des Bestehens einer zu dem Willen Gottes sich gegensätzlich verhaltenden Welt ein unlösbares Rätsel und die bedeutendste Instanz gegen die Allmacht Gottes. Die Heilsoffenbarung aber löst dies Rätsel und giebt zu erkennen, daß Gott doch die Macht über die Welt und zwar eine wunderbare Macht hat, indem er sie, eine solche Welt, erhält für die Erlösung. Darum weiß der Christ, daß nicht der Weltzusammenhang allmächtig ist, sondern daß dieser Zusammenhang nur wirksam und zugleich beschränkt ist durch die Kraft Gottes. Die Erlösung der sündigen Welt aber ist die höchste That der allmächtigen, in ihrer Allmacht freien Liebe; das Gericht der Verdammnis dagegen ist die machtvolle Selbstbehauptung der göttlichen Unabhängigkeit und Freiheit gegenüber einer Kreatur, welche ihr widergöttliches Selbstleben auch noch der Erlösung gegenüber fortsetzt und behauptet.

Es ist kaum nötig, an die Schriftaussagen über die Allmacht Gottes zu erinnern, die nach Mark. 10, 27 allein unsre Seligkeit, unser Heil schaffen kann oder an die Zuversicht des Glaubens an diese Macht, die Paulus Röm. 8, 31 ff. ausspricht. Vor allem aber ist wichtig, wie die Bewirkung unseres Glaubens auf die Macht Gottes zurückgeführt wird, und zwar auf dieselbe Macht, die Christum auferweckt und erhöht hat, z. B. Eph. 1, 19 ff.; vgl. 1 Petr. 1, 5; 1 Tim. 6, 15; 1 Kor. 2, 5; 2 Kor. 6, 7; 12, 9; Eph. 3, 7. 20; 2 Tim. 1, 8. Die Hoffnung Israels gründet sich auf seine Macht, die ihn in den Stand setzt, seinen Ratschluß auszuführen, Pf. 33, 8 ff.; 115, 2 ff.; 135, 4 ff.; Jef. 50, 2; 59, 1. Kraft erscheint überall, wo Gott im Zusammenhang seiner Heilsoffenbarung wirkt, auch in seinen Strafgerichten Jer. 32, 17. 27; Jef. 14, 27; die Wirksamkeit derer, die im Dienste seines Heilswillens stehen, geschieht in Kraft, Act. 6, 8; 1 Thess. 1, 5; 1 Kor. 2, 5; Kol. 1, 29, weil Gott selbst im heiligen Geiste mit ihnen ist, Luk. 24, 49; Act. 1, 8; 10, 38; Röm. 15, 13. 19; 2 Tim. 1, 7; 1 Petr. 4, 14. Geist und Kraft gehören zusammen, denn im Geiste, dem Innersten Gottes, ist er in seiner Macht für uns und über uns gegenwärtig, so daß Geist Gottes und Kraft Gottes synonym sind. Darum ist das Evangelium Kraft Gottes, selig zu machen, die es glauben, Röm. 1, 16; 1 Kor. 1, 18 vgl. V. 28; das Reich Gottes kommt in Kraft, Mark. 1, 9; vgl. 1 Kor. 4, 19. 20, und wo Gott als der Gott des Heiles gepriesen wird, sei's gegenwärtig, sei's wenn sein ganzer Rat und Wille zur Erlösung der Seinen sich vollendet hat, da wird seine Macht gepriesen, die in allen Doxologien ihre Stelle hat, Matth. 6, 13; Eph. 3, 20 f.; 1 Tim. 6, 16; Apok. 7, 12; 11, 17; 12, 10; 15, 8; 19, 1. Kraft ist sogar sein Name im Munde Jesu, Matth. 26, 64, wie bei den Rabbinen, vgl. Hebr. 1, 3, und seine Bezeichnung als ὁ μόνος δυνάστης, 1 Tim. 6, 15, ergiebt sich dort von selbst, wo das Evangelium vom Reiche Gottes in seiner Wahrheit erkannt und geglaubt wird; denn auch die Verkündigung von dem χριστός, dem messianischen König, ist ja die Verkündigung des Königtums und Reiches Gottes, und wo sein Königtum verkündigt wird, da wird mit seiner rettenden Gerechtigkeit auch seine Macht bezeugt.

Sind die obigen Ausführungen über die Allmacht Gottes und insbesondere über die Entstehung und Verbürgung ihrer Erkenntnis durch die Heilsoffenbarung richtig, so ist die Annahme einer Beschränkung Gottes durch die Kreatur auch in der Form einer Selbstbeschränkung unmöglich. Die Allmacht Gottes müßte nicht eine in Freiheit sich bethätigende, sondern nach Art eines Naturgesetzes mit unwiderstehlicher Notwendigkeit sich auswirkende sein, wenn in ihr liegen sollte, daß die Wirksamkeit kreatürlicher Kausalitäten durch sie ausgeschlossen und sie allein wirksam wäre. Die Wirkungsfähigkeit der kreatürlichen Kausalitäten, der sogenannten causae secundae ist Produkt der Macht Gottes, ihre Wirksamkeit ist sein Wille, und da die Willkür des Willens von ihm ausgeschlossen ist, so kann in dem Dasein und in der Wirksamkeit dieser causae secundae um so weniger eine Beschränkung seiner Macht liegen, als in ihr ja nur sein Wille zum Ausdruck kommt. Allerdings aber liegt darin, daß damit auch eine willkürliche Durchbrechung dieser Wirksamkeit durch die Macht Gottes ausgeschlossen ist. Aber eben auch nur eine willkürliche Durchbrechung. Das bleibt bestehen, daß Gott für seine sonderlichen Zwecke nicht an sie gebunden ist, sobald diese Zwecke es erheischen. Das ist mit seiner Erhabenheit über das Gesetz des bedingten Seins gegeben. Er hat nicht allein dem bedingten Sein die bestimmten Schranken gesetzt, die von der Bedingtheit unabtrennbar sind, so daß die Beschränktheit desselben erst die volle Auswirkung der Kraft, die es hat und in der es sich bethätigen soll, ermöglicht und jede Maßüberschreitung die Kraft und ihren Träger selbst vernichten muß. Er ist ebenso imstande, dieser Wirk-

samkeit und also dem gesetzmäßigen Naturzusammenhang entgegen
zu wirken, ohne ihn selbst aufzuheben, wo das Ergebnis desselben
seinem Erlösungswillen widerspricht, wie er auf der andern Seite
sich in Freiheit dieser Wirksamkeit bedienen und ihr im Zu=
sammenhange seines Erlösungswillens für seine Zwecke Richtung
geben kann. Darauf beruht die Möglichkeit der Wunder, die nicht
irriger gerechtfertigt werden können als durch die Berufung darauf,
daß die Allmacht Gottes eben alles könne. Als der Allmächtige
müsse Gott imstande sein und sei imstande, ebenso durch die krea=
türlichen Mittelursachen, wie ohne sie zu wirken, und lediglich durch
sein Wort und Gebot hervorzurufen, was sonst das Ergebnis des
Naturzusammenhanges sei. Darauf ist zu entgegnen, daß Gott, wie
gerade seine Offenbarung beweist, nie mit sich selbst in Widerspruch
tritt und treten kann. Dies würde der Fall sein, wenn er das, was
nach seinem Willen in das Gebiet kreatürlicher Wirksamkeit fällt,
ebenso auch ohne dieselbe, sie überbietend thun wollte. Nicht in Über=
bietung des Naturzusammenhanges, sondern in der Gegenwirkung
gegen denselben liegt das Wesen der Wunder, und diese Gegen=
wirkung steht im Zusammenhang mit dem in sich einheitlichen der
Welt geltenden Willen Gottes, wie er sich der sündigen Welt gegen=
über zum Erlösungswillen gestaltet. Sie würde nicht erforderlich
sein, wenn die Sünde nicht wäre, welche es bewirkt hat, daß
der geschlossene Zusammenhang des kreatürlichen Seins nur zum
Verderben desselben ausschlagen würde, wenn nicht die Erhabenheit
Gottes über das Gesetz dieses Zusammenhangs ihm jene wunder=
bare Gegenwirkung ermöglichte. Indem der Erlösungswille den
Schöpfungswillen nicht aufhebt und sich doch einen Zweck setzt, der
dem Ergebnis des natürlichen Zusammenhanges entgegengesetzt ist,
wird es verständlich, daß Gott den Naturzusammenhang nicht auf=
hebt, wenn er im einzelnen Falle ihm entgegenwirkt, wo der Zu=
sammenhang seines auf die Erlösung gerichteten Handelns dies er=
fordert. Der Tag, an dem er dem gesamten jetzt bestehenden Zu=
sammenhang ein Ende macht und auf den alle Wunderwirksamkeit
weissagend hinweist, ist der Tag, an dem er „alles neu macht" (Apok.
21, 5), einen neuen Himmel und eine neue Erde, in welchen Ge=
rechtigkeit wohnt, „daß man der vorigen nicht mehr gedenken wird,
noch zu Herzen nehmen" (Jes. 65, 17). Die Wunder sind Macht=
thaten des Gottes der Erlösung, die ohne sein besonderes Wirken nicht
geschehen würden, auch dort nicht, wo er sich der im Weltzusammen=

hange wirksamen kreatürlichen Kräfte bedient, um zu stande zu bringen, was sie ohne seinen Willen nicht bewirken würden. Damit ist für den Christen der Ausweg der doppelten Buchführung ausgeschlossen, nach welcher überhaupt Naturwirkungen unter religiösem Gesichtspunkte als Gottes Wirkungen anzusehen seien und in diesem Falle als Wunder gälten.

Was die Annahme einer Beschränkung Gottes durch die kreatürlichen Kausalitäten, insbesondere der im Naturzusammenhange wirksamen verwehrt, das gilt nicht in geringerem, sondern in noch höherem Grade von der Annahme einer Beschränkung oder Selbstbeschränkung Gottes in seinem Verhältnis zur freien Kreatur, zum Menschen. Der Satz, daß Gott der menschlichen Freiheit gegenüber sich überhaupt nicht allmächtig verhalte, ist absolut falsch. Gerade der menschlichen Freiheit gegenüber ist und verhält sich Gott allmächtig. Wenn nicht, so hat die Frage nach der göttlichen Allmacht überhaupt keine Bedeutung. Die Sache liegt aber vielmehr so, daß gerade die Allmacht Gottes die menschliche Freiheit möglich macht. Nur wenn Gott nicht allmächtig, sondern in seiner Macht gebunden d. i. beschränkt wäre, könnte er kreatürliche Freiheit nicht ertragen. Nun aber wissen wir durch die Erlösungsoffenbarung, daß die Bethätigung seiner Allmacht nicht bloß in einer wenn auch erst schließlichen Vernichtung der menschlichen Freiheit besteht, sondern vielmehr darin, daß er die verlorne Freiheit des Menschen wiederherstellt. Er ermöglicht ihm durch die Darbietung des Heiles in erwählender Liebe zunächst wieder eine für sein ganzes Dasein entscheidende freie That, die That des Glaubens, während es ohne diese Erwählung ewig bei dem servum arbitrium bliebe. Im Glauben aber, der auf dieser Wirksamkeit Gottes in Ausführung seines Erlösungswillens beruht und durch sie hervorgebracht ist, hat der Mensch seine Freiheit von dem ihn wie die ganze Welt knechtenden Verderbensgesetz der Sünde und des Todes, und wartet inmitten des auch ihn noch bedrückenden Weltzusammenhanges auf die „herrliche Freiheit der Kinder Gottes", in welcher ihr Leben erst ungehindert und ungehemmt alles entfalten wird, was in ihm beschlossen ist. Die Thatsache der Sünde ist keine Instanz gegen die Unbeschränktheit der göttlichen Allmacht. Gott leidet die Sünde, aber er braucht sie nicht zu leiden. Er läßt sie geschehen, er erhält sogar durch seine Allmacht die Welt, in der sie regiert, er unterdrückt sie nicht mit seiner Gewalt, sondern

er erträgt die Welt, aber nur, weil er die Allmacht seiner Liebe be=
thätigen kann und will zu ihrer Erlösung. Darum nötigt die That=
sache der Geduld Gottes mit der Sünde den Christen nicht zu dem
Versuche, dieselbe durch die Annahme einer Selbstbeschränkung Gottes
zu erklären, sondern im Gegenteil zu einer energischen Bethätigung
des Glaubens an die göttliche Allmacht, die allein imstande ist,
eine solche Welt nicht bloß zu ertragen, sondern sogar zu tragen.
Die Erkenntnis und Anerkennung der göttlichen Allmacht ist durch=
aus Sache des Glaubens und nur dem Glauben an die Erlösungs=
offenbarung möglich. Stärker kann die Vereinbarkeit der kreatür=
lichen Freiheit mit der göttlichen Allmacht nicht dargethan werden,
als durch die Erlösungsoffenbarung in ihrer unsre Freiheit wieder=
herstellenden und in Anspruch nehmenden Bedeutung. Wo freilich
diese allmächtige Liebe Gottes verworfen wird, da tritt an die Stelle
der Wiederherstellung die endgültige Vernichtung der Freiheit, denn
die Verdammnis ist Vernichtung der Freiheit, an deren Stelle dann
die Ohnmacht des zitternden Glaubens der Dämonen in „Heulen
und Zähneknirschen" tritt.

So ist gerade die Freiheit, in der Gott den Menschen ge=
schaffen hat, eine Verherrlichung der göttlichen Allmacht, sofern
sogar der Mißbrauch der Freiheit, ihre Bethätigung wider Gottes
Willen dazu dienen muß, eine Bethätigung der Allmacht und Frei=
heit Gottes hervorzurufen, in welcher erst die ganze Fülle derselben
offenbar wird.

Alle Fehler, die bei der Erörterung der Allmacht Gottes be=
gangen werden, hängen damit zusammen, daß man nicht von der
Wirklichkeit derselben ausgeht, wie sie sich uns in der Selbst=
bethätigung Gottes in seiner Offenbarung zu erkennen und zu erleben
giebt, sondern daß man ihre Erkenntnis a priori zu gewinnen sucht.
Dahin gehört vor allem die Definition der Allmacht als Einheit
des göttlichen Willens und Vermögens und die daraus gezogene
Folgerung der Notwendigkeit alles göttlichen Wirkens, also sowohl
der Schöpfung wie der Erlösung. Abgesehen davon, daß Über=
einstimmung nicht Einheit ist, ist die Anwendung des Begriffs der
Notwendigkeit auf Gott durchaus falsch. Er widerspricht der that=
sächlichen Erhabenheit Gottes über alles, was Gesetz heißt. Der
Begriff der Notwendigkeit gilt nur, wo es Gesetz giebt. Gesetz
aber giebt es nur auf dem Gebiete des bedingten, geschaffenen
Seins. Für Gott giebt es nur Freiheit, und die kreatürliche

Freiheit unterscheidet sich von der göttlichen Freiheit dadurch, daß im Gebiet der Kreatur Freiheit und Abhängigkeit ineinander sind und bestehen. Damit hängt es auch zusammen, daß wir nicht imstande sind, die Antinomie von Freiheit und Notwendigkeit anders zu lösen als dadurch, daß wir uns die Gründe vergegenwärtigen, welche die Anwendung des Begriffs der Notwendigkeit auf Gott verwehren.

2. Die Allgegenwart Gottes.

Geschöpfliches Sein ist bedingtes Sein, bedingtes Sein ist endliches Sein. Damit ergiebt sich für das geschöpfliche Sein die Gebundenheit an Raum und Zeit als die Form der Endlichkeit. Damit ist zugleich gegeben, daß diese Gebundenheit der Kreatur an die Form ihres Daseins ebensowenig eine Gebundenheit Gottes in seinem Verhältnis zur Kreatur ist, wie die Thatsache ihres Daseins eine Beschränkung seiner Macht und Freiheit ist. Weder das Dasein noch das Sosein der Kreatur bildet irgend welche Schranke. Die Erhabenheit Gottes über das bedingte Sein ist, wie wir uns sagen mußten, auch eine Erhabenheit über das Gesetz des bedingten Seins in jeder Beziehung, ohne dieses Gesetz und mit ihm das bedingte Sein selbst aufzuheben oder zu verneinen. Darum ist die Erhabenheit Gottes über dies Gesetz eine Erhabenheit über Raum und Zeit, die ihn nicht hindert, sondern vermöge deren er imstande ist, sich nicht bloß mit uns in Verbindung zu setzen, sondern in Verbindung zu bleiben, so daß auch wir dadurch über Raum und Zeit hinaus den haben können, der alles, was er ist, für uns und mit uns sein will. Daß Gott durch die Gebundenheit des geschöpflichen Seins an die Existenzform des Raumes nicht gebunden ist in seiner Selbstbethätigung in und an der Welt, pflegen wir als seine Allgegenwart zu bezeichnen, wofür wir richtiger ebenso umfassend und weniger abstrakt Weltgegenwart sagen würden.

Indes nicht durch solche Erwägungen ist die Erkenntnis der Allgegenwart Gottes entstanden. Der Gedanke derselben ist von der Religion unabtrennlich und hat in ihr seinen Ursprung. Alle Religion, auch die Irreligion oder das Heidentum, sofern sie ein Suchen Gottes ist und also mit dem Gottesbegriff rechnet, verbindet mit dem Gedanken der Jenseitigkeit der Gottheit auch den Gedanken wenigstens einer gewissen Erhabenheit über die

Schranke des Raumes. Aber eine wirkliche Weltgegenwart Gottes, welche die Philosophie auf dem Wege pantheistischer Spekulation unter Aufgabe der Selbständigkeit Gottes im Unterschiede von der Welt und ihr gegenüber zu gewinnen sucht, kennt nur die Religion der Offenbarung und kann nur sie kennen, wenn das Verhältnis zwischen Gott und Welt in der That so ist, wie wir es durch die Offenbarung erleben, nämlich ein Verhältnis, in welchem wir ganz auf die frei sich bethätigende Liebe Gottes angewiesen sind. Während man außerhalb der Offenbarungsreligion Gott sucht und nicht weiß, daß er „nicht fern ist" von einem jeglichen unter uns, ergiebt die Offenbarung, die Selbstbethätigung Gottes zu unserer Erlösung, daß er „nahe ist". Dadurch allein, nicht durch lehrhaften Aufschluß und Mitteilung von Erkenntnissen, sondern durch das besondere inweltliche Handeln der Liebe des überweltlichen Gottes entsteht die Erkenntnis seiner wirklichen Weltgegenwart als eine Gewißheit des Glaubens, zu dem wir uns verpflichtet erkennen und den er in uns wirkt. Sie entsteht also auf religiösem Wege und zwar ebenso wie die Religion selbst, die wirklich Religion, wirkliche Verbindung mit Gott ist, durch göttliche Initiative. Die specifisch christliche Erkenntnis der Weltgegenwart Gottes, welche von der israelitischen Erkenntnis sich unterscheidet, wie die Erfüllung von der Verheißung, entsteht und baut sich auf auf dem Glauben an Christus und auf der Erfahrung der Gegenwart Gottes in Christo und in der Predigt von Christo; wir erkennen und erleben sie durch die auf uns gerichtete Wirksamkeit des heiligen Geistes. Sie ist wie die Gegenwart Gottes selbst nicht Besitz einzelner, sondern der Gemeinde, welche κατοιχητήριον τοῦ θεοῦ ἐν πνεύματι ist und als solche dankbar rühmt: „Gott ist gegenwärtig, lasset uns anbeten" und der Zeit wartet, wo die Herrlichkeit des Herrn die Welt füllen wird, „wie Wasser das Meer." Die Gegenwart Gottes, in Kraft deren die Gemeinde ist, was sie ist, ist ihr der Thatbeweis dafür, daß die Schranke des Raumes Gott nicht von der Welt und darum auch nicht die Welt von Gott scheidet. Wenn er auch der Welt nicht überall in gleicher Weise gegenwärtig ist, so ist er ihr doch überall gegenwärtig und wird ihr auf dem Wege der Weltmission so gegenwärtig, wie er es der Gemeinde ist. Der Christ weiß sich von Gott gesucht, gefunden, und seiner Gemeinde „einverleibt" durch das berufende, sammelnde, erleuchtende und heiligende Wort in Kraft des heiligen Geistes, der in ihm das Haben Gottes im Glauben gewirkt hat. So kennt er eine Weltgegenwart Gottes, von der niemand etwas wissen kann außer durch dieses Handeln Gottes im Zusammenhange seiner Offenbarung, durch welche wir erst inne werden, was für einen Gott die Welt hat.

Damit sind wir wieder wie bei allen bisherigen Erörterungen für unsere Aussagen über die Weltgegenwart Gottes an die durch den Glauben wahrnehmbare Wirklichkeit derselben gewiesen. Es ist unmöglich, auf dem Wege gedankenmäßiger Folgerichtigkeit mittelst Vergleichung und Unterscheidung der Erhabenheit Gottes über unsre Gebundenheit an den Raum, unsrer Endlichkeit und seiner Unendlichkeit oder gar des Geistes und der Materie zur Erkenntnis der Thatsache und Art der Weltgegenwart Gottes zu gelangen, so daß es dann nur nötig wäre, in den so gewonnenen Rahmen den Begriff der Liebe als Ausdruck des Wesens Gottes einzusetzen, um die Form mit christlichem Inhalte zu erfüllen. Da es sich nicht um die Seinsweise Gottes im Unterschiede von der Welt, sondern wie bei allen Eigenschaften um wirksame Selbst= beziehung Gottes zur Welt handelt, so sind wir auch an die Wirklichkeit des in Freiheit sich vollziehenden Wirkens Gottes für die Erkenntnis seiner Weltgegenwart gewiesen. Die Thatsache der Freiheit Gottes in seinem Wirken macht von vornherein jeden Versuch aussichtslos, der es unternimmt, eine Erkenntnis der That= sache und Art dieses Wirkens unter Absehen von der Wirklichkeit zu gewinnen.

Gehen wir also von der Thatsache der dem Christen fest= stehenden Weltgegenwart Gottes aus, so kennen wir dieselbe nicht als eine bloße Gegenwart bei der Welt von außen her, als ein Nebeneinander und Außereinander von Gott und Welt, sondern als eine Gegenwart in der Welt, nur nicht wie alles, was dem Weltzusammenhange an Erscheinungen und Kräften angehört, ihr eingeordnet und so an sie und damit an den Ort gebunden, sondern ihr übergeordnet, und in dieser Überordnung sich an allem, was in der Welt ist, bethätigend. Die Welt ist nicht der Ort Gottes, an den er gebunden wäre, und darum giebt es auch in ihr nicht einen Ort für ihn wie für alles, was zu ihr gehört. Wo etwas ist, wo etwas geschieht, da ist auch Gott, nicht aber wie die in der Welt wirksame in all ihren Erscheinungen wahrnehmbare Kraft als Teil ihres Bestandes, als Seele der Welt von ihr unabtrenn= bar, sondern in Freiheit sich zu allem, was ist und geschieht, ver=

haltend. Die Thatsache dieser allgemeinen Weltgegenwart ergiebt
sich dem Christen mit der Erkenntnis, die wir bezüglich der Erhaltung der Welt durch die Allmacht Gottes gewonnen haben.
Sie ist nicht das notwendige Ergebnis des Unterschiedes in der
Seinsweise Gottes als dessen, der durch nichts bedingt ist und
selbst alles bedingt, von der Seinsweise der Welt, sondern beruht
auf der freien Selbstbethätigung seines machtvollen Willens, durch
die er alles erhält, was ist, und sich auf alles bezieht, was ist und
geschieht. Nicht für Gott, sondern für die Welt und alles, was in
ihr ist, ist diese Selbstbeziehung und Selbstbethätigung Gottes notwendig. In Gott beruht ihre Möglichkeit, in der Freiheit seiner
Liebe ihre Thatsächlichkeit, in der Bedingtheit der Welt ihre Notwendigkeit für diese.

Es ist aber nicht etwa bloß das Ganze der Welt, auf welches
er sich wirksam bezieht, so daß nur dadurch das Einzelne bestände
und also das Einzelne nur mittelbar Objekt seiner tragenden und er-
haltenden Kraft wäre, sondern er bezieht sich auf das Ganze und
das Einzelne, weil das Ganze wie das Einzelne für den Menschen ist,
für den Gott alles sein will und ist, was er ist. Die Scheidung
zwischen dem Ganzen und dem Einzelnen ist eine Abstraktion, deren
Unzulässigkeit leicht klar wird, sobald man die Frage konkret stellt und
gerade das ins Auge faßt, was am ersten wider die Selbstbeziehung
Gottes auf das Einzelne zu sprechen scheint, die Sünde. Ist Gott
auch, wo Sünde geschieht? Würde dies geleugnet werden müssen, so
würde sich ergeben, daß die Sünde nur geschehen könne und geschehe,
wo und weil Gott nicht gegenwärtig sei. Sie geschieht aber nicht, wo
und weil Gott seine Gegenwart entzieht, sondern wo und weil
der Mensch Gott und seine Gegenwart nicht achtet. Allerdings
giebt Gott auch in strafendem Gericht den Menschen an die Sünde
hin, aber gerade diese Hingabe an die Macht der Sünde wird von
dem, dem die Augen über das ihm widerfahrene Gericht aufgehen,
als Zeichen und Zeugnis für die wirksame Gegenwart Gottes erkannt, aus dessen Hand der Sünder nicht herauskann, auch wenn
Gott „seine Hand abzieht." Gott hält ihn nicht mehr, verläßt
ihn, aber entläßt ihn nicht aus seiner Gegenwart und damit aus
seinem Gericht. Gottes Gegenwart wirkt nicht überall das Gleiche,
aber wirkt überall, auch in dem Elend der Gottverlassenheit. Er
wirkt die Sünde nicht, aber er ist, wo sie geschieht, — das ist das
Wunderbare an dieser Gegenwart Gottes, nur in derselben Weise

zu begreifen, wie die Erhaltung der sündigen Welt, der er sich in seinem Liebeswillen nicht entzieht, sondern gegenwärtig bleibt, am wunderbarsten in der Versühnigung der Welt an Christus. Wird aber nicht einmal durch die Sünde die Gegenwart Gottes aufgehoben, so ist noch viel weniger Grund vorhanden, diese Gegenwart für das Einzelne im Weltzusammenhange abzulehnen und nur auf das Ganze zu beziehen. Auch der Sperling fällt nicht vom Dache ohne den Vater im Himmel. Wo etwas ist und geschieht, da ist Gott, ohne daß darum alles, was ist und geschieht, durch ihn geschähe. Aber diese Gegenwart Gottes kennt und erkennt nur der Glaube, und zwar der Glaube, der mehr noch als diese allgemeine Weltgegenwart Gottes kennt.[1])

Diejenige Gegenwart Gottes, von der aus der Glaube dieser allgemeinen Weltgegenwart Gottes gewiß ist, ist seine Heilsgegenwart in seinem auf die Erlösung gerichteten sonderlichen Wirken. Wo Gott in erwählender Liebe sich bethätigt und dadurch eine besondere Verbindung zwischen sich und dem Menschen herstellt, da ist Heilsgegenwart Gottes. Wir erfahren diese Heilsgegenwart Gottes in der heilszueignenden Wirksamkeit des heiligen Geistes in Wort und Sakrament. Wer der zum Glauben verpflichtenden und den Glauben wirkenden Kraft der Offenbarung Gottes inne geworden ist, kennt ein sonderliches Handeln Gottes mit uns, welches „erwählungsgemäß“ sich in der Welt innerhalb ihres geschichtlichen Lebens bethätigt. In dieser Bethätigung Gottes im heiligen Geiste oder in seiner Heilsgegenwart erschließt sich denen, an denen sie geschieht, das Innerste Gottes (vergl. 1 Kor. 2, 11) und damit alles, was die Gegenwart Gottes in der Welt in sich befaßt. Sie ist, um es unserm Vorstellungsvermögen gemäß auszudrücken, das Centrum der Gegenwart Gottes in der Welt. Gerade an ihr wird erkannt, daß die Weltgegenwart Gottes kein Wirken von jenseits her, kein Wirken in die Ferne ist. Denn es ist ein Handeln

---

[1]) Die Anschauung der heil. Schrift in betreff dieser Weltgegenwart Gottes, wie Ps. 139; Jer. 23, 23; Act. 17, 27; Matth. 10, 29, auszuführen, dürfte nicht nötig sein; ebensowenig die Aussagen über die Nähe Gottes bei denen, die zu ihm rufen, wie Ps. 145, 18 u. a. In betreff des Folgenden aber muß ich, um nicht zu ausführlich zu werden und mich nicht selbst auszuschreiben, auf die Artikel πνεῦμα, οὐρανός, ἀποκαλύπτειν in meinem bibl.-theol. Wörterbuch der neutestamentlichen Gräcität, sowie auf meinen Artikel „Geist Gottes“ in PRE³ verweisen.

Gottes mit uns von Person zu Person, und zwar ein auf die voll=
endetste Gemeinschaft, auf jene Liebesgemeinschaft gerichtetes Handeln,
die weit über alle menschliche Liebesgemeinschaft hinausgeht, indem
wir in ihr Gott ganz haben sollen und können, so haben, wie kein
Mensch den andern haben kann. Sie bringt es zu einem Leben
Gottes in uns und auf unserer Seite zu einem Leben in Gott, nicht
nur zu einem Leben durch Gott, in welchem er seinen Geist als neue
Naturkraft unseres Lebens in uns wirken ließe. So kommt die
Verbindung Gottes als des Gottes unseres Heiles mit denen zu
stande, an und in denen er seine erwählende Liebe bethätigt; so entsteht
die Gemeinde Gottes oder die Heilsgemeinde, zusammengeschlossen durch
diese sie aus der Weltgemeinschaft heraus erwählende und loslösende
That, und diese Gemeinde ist die Stätte der für die ganze Welt
bestimmten Heilsgegenwart Gottes. Von dieser Stätte aus soll
sie durch das Zeugnis und den Liebesdienst der Gemeinde der
ganzen Welt kund werden und will sie ihr kund werden und sich
an ihr bethätigen. Das ist die Bedeutung der Missionsgemeinde
und der Missionsarbeit, daß in ihrem Geleit die Heilsgegen=
wart Gottes das Zeugnis seiner Boten bestätigt und sich
selbst als gegenwärtig und wirksam oder in seiner Heilsgegenwart
denen bezeugt, die ihn nicht kennen und an denen er sich bis da=
hin nicht so bethätigt hat. Erkannt und aufgenommen werden
kann er aber von ihnen in der zum Glauben verpflichtenden und
den Glauben wirkenden Kraft seiner Offenbarung, so daß auch sie
der Thatsache der besonderen wirksamen Gegenwart Gottes inne
werden. Darauf beruht jene Aufnahme des das Heil und die
Stunde der Gnadenheimsuchung Gottes bezeugenden Wortes, welche
Paulus erfahren: „da ihr von uns empfinget, was Gott zu
hören gegeben, habt ihr es aufgenommen nicht als Menschenwort,
sondern gemäß dem, was es wirklich ist, als Gottes Wort, als
welches es sich auch in euch, die ihr glaubet, wirksam erweist"
(1 Thess. 2, 13).

In diesem Zusammenhange wird nun auch verständlich, wie
eine Erkenntnis bezw. Gewißheit dieser Gegenwart Gottes in der
Empfindung derselben als unentrinnbarer Allgegenwart vorhanden
sein kann, ohne daß sie schon als Heilsgegenwart Grund und Ob=
jekt des vertrauenden Glaubens ist. Denn die verpflichtende Kraft
aller Bethätigung Gottes in seiner Offenbarung ist überall die
Erstwirkung des darin sich kund gebenden Gegensatzes Gottes gegen

unsere Sünde, und damit hängt die Weckung unseres Gewissens zur Selbstbezeugung unserer Schuld und Gerichtsverhaftung zusammen. Daß hiermit sich nicht sofort die Empfindung und Erkenntnis der Berechtigung zum vertrauenden Glauben verbindet, ist der psychologischen Betrachtung leicht verständlich. Der Glaube kann, wie wir uns schon früher sagen mußten, nicht anders Bestand haben, als unter energischer Selbstvollziehung des Gerichtes, dem wir durch das Heil Gottes entnommen sein sollen. Die Nötigung zu diesem Selbstgericht bewirkt zugleich das Schwanken zwischen Annahme und Verwerfung des Evangeliums. Wo aber, wie innerhalb der geschichtlichen Christenheit die das Evangelium bezeugende Gemeinde pädagogisch zu wirken hat auf die in ihre Gemeinschaft hineingeborenen Glieder, um sie zum Glauben und zur Heilsgemeinschaft zu erziehen, da ist es geradezu unausbleiblich, daß es lange Zeit und fast regelmäßig nur das böse Gewissen ist, in welchem die Einzelnen trotz ihrer Zugehörigkeit zur Gemeinde der Gegenwart Gottes gewiß sind. Dies ist der Fall selbst dort, wo die Erziehung zum Glauben in klarer Erkenntnis ihrer Aufgabe geübt wird. Daß es der Fall ist auch dort, wo weder die berufenen Erzieher noch die Gemeinde selbst im Glauben leben, ist nur ein Zeugnis für die auch den Resten von Christentum noch innewohnende verpflichtende Macht der Wahrheit, deren beseligender und befreiender Inhalt natürlich verborgen bleiben muß, bis solche kommen, die „etwas Ganzes vom Evangelium" kennen.

Hierdurch wird zugleich klar, was es mit der Behauptung auf sich hat, daß die Gegenwart Gottes desto vollkommener sei, je größer die Kapacität des Geschöpfes sei. Nicht die Gegenwart Gottes ist verschieden, sondern nur die Wirkungsweise Gottes in seiner Gegenwart; diese aber wiederum bestimmt sich nicht bloß nach dem Bedürfnis und nach dem Verhalten dessen, dem sie gilt, sondern steht rücksichtlich ihrer Bethätigung an den Heiden in Zusammenhang mit der Ausführung des göttlichen Missionswillens durch die Gemeinde, sowie mit Zeit und Stunde seiner Selbstbethätigung, deren Wahl Gott seiner Freiheit und Weisheit vorbehalten.

Kehren wir zurück zu dem, was von der Heilsgegenwart Gottes im Unterschiede von der allgemeinen Weltgegenwart zu sagen war, so ergiebt sich, daß diese in der Gemeinde wirksame Heilsgegenwart oder die Gegenwart, deren Stätte die Gemeinde

ist, sich objektiv Ausdruck giebt in Wort und Sakrament als
den Mitteln der Zueignung des Heils. Die Gegenwart Gottes
in der Gemeinde hebt die Unterschiedenheit zwischen Gott und der
Gemeinde nicht auf und gestaltet sich nicht zur Gottheit der Ge=
meinde, auch nicht in der Heilsvollendung. Denn die Gemein=
schaft zwischen Gott und der Gemeinde ist auch in ihrer Einzig=
artigkeit Liebesgemeinschaft. Demgemäß ist es durchaus berechtigt,
von der Gegenwart Gottes in Wort und Sakrament zu reden;
sie bildet den Inhalt von Wort und Sakrament, das Wort als
lebendig bezeugtes, das Sakrament in seiner Anwendung gedacht.
Denn eine in den Gnadenmitteln auch abgesehen von ihrer An=
wendung vorhandene Gegenwart wie z. B. in der Monstranz nach
römischer Lehre widerstreitet dem Begriff und Wesen der Gegen=
wart Gottes, welche nur wirksame, nur sich bethätigende Gegenwart
ist. Gegenwart Gottes in Wort und Sakrament auch abgesehen
von ihrer Darbietung und ihrem Gebrauch würde eine eingeschlossene,
gebundene Gegenwart ergeben, das Gegenteil der wirklichen Gegen=
wart Gottes.

Indem die Heilsgegenwart Gottes nur das Ergebnis seiner
Offenbarung in Christo ist und die Bezeugung der Heilsgegenwart
nur durch die Bezeugung des Evangeliums von Christo geschieht,
geht die zum Glauben verpflichtende und den Glauben wirkende
Kraft von Christus aus. Der Glaube ist Glaube an Christus.
Der Glaube erkennt in Christus eine einzigartige Gegenwart
Gottes, die anders geartet ist, als seine Gegenwart in der Ge=
meinde. Christus ist wie der Vater Objekt des Glaubens.[1]) Nicht
hat Christus den Vater, wie ihn die Gemeinde haben soll, sondern
des Vaters Gegenwart in Christus ist wie die Gegenwart in
Wort und Sakrament, eine sich in der Wirkung an uns bezw.
an der Gemeinde bethätigende. Sie wirkt die Gemeinde, ist also
von der Gemeinde selbst als von ihrer Wirkung ebenso unter=
schieden, wie seine Gegenwart in Wort und Sakrament. Gewiß
gehört Christus zu uns, zur Gemeinde, aber er ist ihr nicht ein=
geordnet als eins ihrer Glieder, sondern indem er zu uns gehört,
wie kein Mensch, kein Bruder dem andern gehören kann, ist er

---

[1]) Vergl. mein Wörterbuch unter πιστις, πιστευω, sowie meine theo=
logische Prinzipienlehre 4, 1 ff.; 8, 1 ff. in Zöckler's Handbuch der theolo=
gischen Wissenschaften.

uns so übergeordnet, wie Gott der Vater unsres Herrn Jesu
Christi in seiner Heilsgegenwart nicht der Gemeinde eingeordnet, son=
dern übergeordnet ist. Wort und Sakrament wirken nur, weil sie uns
mit dem Vater zugleich Christum gegenwärtig und wirksam machen,
weil Gott in Christo durch sie wirkt. So ergiebt sich eine be=
sondere Gegenwart Gottes in Christo, und weil diese Gegenwart
eine Gegenwart Gottes in seinem heiligen Geiste ist, so ergiebt
sich die Heilsgegenwart als Gegenwart des dreieinigen Gottes.

Von hier aus ergiebt sich ein zwiefacher Schluß nach rückwärts
und nach vorwärts. Nach rückwärts, indem nun alles erwählende
Thun Gottes, welches die Sendung Christi zum Zwecke hat, als
Offenbarungsgegenwart sich von der allgemeinen Weltgegenwart
abhebt, ohne schon die Heilsgegenwart in Christo zu sein.[1)]
Wo Gott in und an Israel handelt, da ist er gegenwärtig, und
zwar vollzieht sich alles Wirken Gottes gemäß seinem Heilszwecke
durch seinen Geist, das Innerste seines Wesens. Deshalb führt
sich alle Kundgebung, alle Offenbarung, jede Machtthat Gottes an
Israel auf seinen Geist zurück. Aber es ist ein Wirken Gottes
für die Erfüllung der Verheißung. Er wird Israel erst gegen=
wärtig, wie er es bis dahin noch nicht gewesen war, in Christus,
und da auch das Verhalten Israels zu Christus zu dem Heils=
zweck Gottes gehörte, um der in ihrem ganzen Gegensatz gegen
Gott sich bethätigenden Sünde gegenüber trotzdem und dennoch sich
in seiner erlösenden Liebe zu bethätigen, so wird von hier aus
die Thatsache verständlich, daß diejenige Heilsgegenwart Gottes,
deren wir uns jetzt erfreuen, erst Ergebnis der Geschichte ist, die
sich damals begeben.

Nach vorwärts aber ergiebt sich die Aussicht, daß am Ende
der Wege Gottes in der Welt, der Missionswege, jene Gegenwart
Gottes steht, in welcher nicht mehr zu unterscheiden ist zwischen
der auf dem Heilswillen Gottes beruhenden allgemeinen Weltgegen=
wart Gottes und seiner Gegenwart in seiner Gemeinde, sondern nur
noch zwischen dieser und seiner Gerichtsgegenwart bei den Ver=
lornen (Vergl. 1 Kor. 15, 28; Apok. 21, 2. 3).

Aus diesen Unterschieden in der Gegenwart des überweltlichen

[1)] Vergl. das Wohnen Gottes unter Israel in seinem Heiligtum,
und das Verhältnis desselben zur messianischen Zukunft, das Gebet Salomos
1. Kön. 8 mit dem Wort Jesu Joh. 4, 24 und V. 22. (Vergl. Joh. 7, 39;
Deut. 10, 14; Jes. 66, 1; Matth. 5, 34 f.)

Gottes in der Welt wird auch der Unterschied verständlich, der für uns zwischen der Art besteht, wie die Gegenwart Gottes in der Welt erlebt wird, und wie sie erlebt wird von denen, die aus dem diesseitigen Weltzusammenhange scheiden und dann entweder die Vollendung ihrer Gottesferne oder Gottesnähe erleben. Da die inweltliche Gegenwart Gottes seine Überweltlichkeit nicht aufhebt, so giebt es ein Erscheinen vor ihm, wo nicht mehr unser Eingeordnetsein in den diesseitigen Weltzusammenhang die Art unserer Wahrnehmung Gottes bestimmt, und diese Erfahrung Gottes bestimmt sich sowohl nach dem Verhalten Gottes in seiner Weltgegenwart zu uns, als nach unserm Verhalten zu ihm.

Indem aber die inweltliche Gegenwart Gottes seine Überweltlichkeit nicht aufhebt, sind wir ebenso berechtigt wie verpflichtet, von der diesseitigen und gegenwärtigen Gegenwart Gottes seine Überweltlichkeit und damit sein Sein jenseits dieser Welt d. i. sein Sein im Himmel zu unterscheiden, ohne daß wir damit einen Ort Gottes im inweltlichen, räumlichen Sinne kennen. Seine inweltliche Gegenwart ist zugleich eine Gegenwart von seiner Überweltlichkeit aus, vom Himmel her, von dannen her er sich auch am Tage der Heilsvollendung zum Zwecke der Bethätigung seiner richtenden Gerechtigkeit offenbaren wird. Wir sind, wie schon der Begriff der Überweltlichkeit zeigt, nicht imstande, dies anders als in der Form eines örtlichen Verhältnisses auszudrücken, ohne daß, wie ebenfalls in dem Begriffe der Überweltlichkeit liegt, damit Örtlichkeit im diesseitigen Sinne gemeint ist. Die „Rechte Gottes", zu der Christus erhöht ist, ist überall und doch überweltlich, ja gerade deshalb überall. Sie ist inweltliche und überweltliche Gegenwart zugleich.

3. Die Allwissenheit Gottes.

Im engsten Zusammenhange mit der Allgegenwart Gottes drängt sich dem Glauben die Thatsache der göttlichen Allwissenheit auf, wofür der 139. Psalm der klassische Ausdruck ist. Da die Allgegenwart Gottes wirksame Gegenwart dessen ist, der sich für den Zweck seiner erlösenden Liebe auf die Welt bezieht, so ist sie ohne das entsprechende Wissen um die Welt und alles, was in ihr ist und geschieht, nicht zu denken. Denn alles, was im Weltzusammenhange ist und geschieht, steht in Beziehung zum Menschen,

bestimmt ihn wie auch er es bestimmt, und die Erlösung, der Erlösungs=
wille Gottes gilt nicht dem Menschen abgesehen von dem Zu=
sammenhange, in dem er sich befindet, von der Welt, auf die er
angewiesen ist, sondern gerade in diesem Zusammenhange, und
darum ist nichts in diesem Zusammenhange dem Wissen Gottes
um den Menschen und um die Menschheit als Objekt seines Erlösungs=
willens entzogen. Alles, worauf sich Gott in seiner Weltgegen=
wart bezieht, ist wie Objekt seines Willens, so auch seines Bewußt=
seins. Dadurch hängt die Allwissenheit zugleich mit der Allmacht
und ebenso wie Allmacht und Allgegenwart wieder mit den seine
Weltbeziehung bestimmenden, in seiner Offenbarung sich erschließenden
Eigenschaften Gottes zusammen. Der Glaube an die Weisheit,
an die Gerechtigkeit und Heiligkeit Gottes ist zugleich Glaube an
die Allwissenheit dessen, der in seiner Weisheit für die Zwecke
seiner Liebe die Mittel und Wege selbst bestimmt und ordnet, auf
denen die Bethätigung seiner Heiligkeit und Gerechtigkeit diese
Zwecke verwirklicht. So rechtfertigt sich dieser Zusammenhang, der
dem Glauben gewiß ist auf Grund der Erfahrung, die er von
der zum Glauben verpflichtenden und Glauben wirkenden Kraft
der Offenbarung durch die berufende Gnade gemacht hat. Denn
der Glaube an die Liebe, die den·Sünder gesucht und gefunden,
der Glaube an die in freier Erwählung sich bethätigende Liebe be=
darf nicht der Reflexion, um Glaube zu sein an den, der den
Sünder und alles, was ihn angeht, und damit auch seine Sünden
und seine Sorgen, all sein Thun und Lassen, sein Leben und
Erleben, den ganzen Zusammenhang kennt, in welchem er steht.
Als Glaube an den, der ihn erwählet hat, ist er Glaube an
den, der ihn nicht erst kennt, seit er ihn berufen hat, sondern
der ihn gekannt hat in seiner Verflochtenheit in das Reich
der Sünde, bevor .er sich an ihm in seiner erwählenden Liebe
durch das berufende Wort bethätigt hat. So erweitert sich
das Wort „der Herr kennt die Seinen" (2 Tim. 2, 19)
über den Kreis der Seinen hinaus zu denen, die es nicht sind
und die es noch nicht sind, und die Haare auf dem Haupte sind
alle von ihm gezählt, ebenso wie die Sterne (Jes. 40, 26 vergl.
V. 27) und die Sperlinge auf dem Dache, Matth. 10, 29. 30.
Nicht Ergebnis des Denkens sondern Gewißheit des Glaubens an
den Gott der Erlösung ist die Überzeugung von der Allwissenheit
Gottes und darum ein Glaubensartikel wie alle Eigenschaften

Gottes, ebenso wie der Glaube selbst bei uns erzeugt durch die Offenbarung Gottes in Christo. Daraus begreift sich zugleich, daß sie ebenso dem Glauben Aufgaben stellt, wie sie ein Halt für ihn ist, — die Aufgabe, sie festzuhalten und sich von ihr festhalten zu lassen, wenn die uns bedrängende Wirklichkeit des Weltlebens wider sie zu sprechen scheint, als gebe es Menschen und ihr Thun und Lassen, wonach Gott nicht frage und worauf er nicht achte (Pf. 73, 11).

Die Erscheinung, daß die Überzeugung von der Allwissenheit Gottes innerhalb der Christenheit nicht erst eine unabweisbare Gewißheit des Glaubens, sondern schon des bösen Gewissens ist, hängt mit der gleichen Erscheinung in betreff der göttlichen All= gegenwart zusammen und erklärt sich wie diese (s. ob. S. 89 f.). Ja die Gewißheit des bösen Gewissens in betreff der Allwissenheit Gottes drängt sich so mächtig auf, daß das Problem, welches der Reflexion sich aufdrängt und mit welchem die Philosophie der Stoa sich schon beschäftigt, nämlich ihre Vereinbarkeit mit der menschlichen Freiheit, erst als Problem im Zusammenhange mit dem Bestreben empfunden wird, sich der Macht dieser Gewißheit zu ent= ziehen. Daß dies Problem schon vor dem Christentum außerhalb des Gebietes der Offenbarungsreligion von der Philosophie behandelt wurde, ist ein Zeugnis davon, daß die Allwissenheit Gottes auch dem Heidentum nicht fremd ist. Die Überzeugung von ihr macht sich dort in viel bestimmterer Weise geltend, als der dem Heidentum ebenfalls nicht fremde Gedanke von einer, wenn auch immerhin beschränkten Weltgegenwart Gottes. Dies hängt zusammen mit dem Gewissen der Heiden, dem auch der Grundzug aller heidnischen Religionen, die namenlose Furcht entstammt. So richtig Ritschls Bemerkung ist, daß es eine sogenannte natürliche Religion nie gegeben, so falsch ist die Behauptung, daß das Gewissen erst Produkt der sittlichen bezw. sittlich=religiösen Entwicklung, Produkt der Sittlichkeit bezw. der Religion sei. Alle Missionsarbeit bestätigt es, daß Paulus die Heiden richtiger beurteilt, wenn er ihnen trotz des Sündenregisters Röm. 1 das Gewissen zuschreibt. Man muß nur festhalten, was auch im Begriff des Gewissens liegt, daß es jenes Selbstbewußtsein des Menschen ist, in welchem er sich genötigt sieht, als Zeuge wider sich selbst aufzutreten, so daß die erste und unmittelbare Erscheinung desselben die des Schuldbewußtseins, des Bewußtseins der Schuld= und Gerichtsverhaftung ist. Jeder gläubig gewordene Heide bezeugt es ebenso, wie der Zorn der anderen, daß das Evangelium nur nötigt, sich endlich zu bezeugen, was man längst schon wußte, aber sich nicht bezeugen wollte. Es ist nicht die Abneigung gegen „das neue Lebensideal", sondern genau dieselbe Abneigung, die wir in der Abneigung der Synagoge gegen jene Selbstbezeugung der Schuld- und Gerichtsverhaftung finden, der Paulus Röm. 7 erst Ausdruck zu verleihen wagte, als ihm das Evangelium zur Rettung geworden war (vergl. S. 51 f.).

So kann man sagen, daß unter allen Eigenschaften Gottes die der Allwissenheit am allgemeinsten erkannt und anerkannt wird. Was aber der christliche Glaube von ihr zu sagen hat, ist etwas Besonderes. Für ihn ist die Allwissenheit ebenso wie die übrigen Eigenschaften eine in der erlösenden Selbstbeziehung Gottes auf die Welt wirksam sich bethätigende Eigenschaft. Sie ist die Be= stimmtheit seines der Welt geltenden Willens und Wirkens oder seiner Bethätigung für die Welt und an der Welt, wie sie sich in der Offenbarung er= schließt, durch sein Wissen um alles was ist und ge= schieht, und zwar nicht so, daß erst die Kreatur das Wissen Gottes bewirkt und so in gewissem Maße Gott von sich abhängig macht, sondern so, daß mit dem der Kreatur geltenden, ihr und ihrem Verhalten vorausliegenden Willen Gottes auch das Wissen um sie gesetzt ist, also ihr voraus= geht. Letzteres ist mit der Erkenntnis gegeben, daß Gottes Wesen Liebe ist, in der er, was er ist, für eine Welt sein will, die nur durch ihn ihr Dasein haben kann, so daß sein ihr geltender Wille ihr vorausliegt. Dem Glauben aber ist diese Bestimmtheit des Wissens Gottes um uns mit der Thatsache der Erwählung als einer Erwählung „vor Grundlegung der Welt" oder einer ewigen Erwählung gewiß, zu der Gott nicht bestimmt worden ist durch uns, sei's durch unser Dasein oder durch unser Verhalten zu irgend einer Zeit, sondern die erst unser Dasein und unser Ver= halten bewirkt. So muß der Glaube als Objekt des Wissens Gottes nicht bloß die gegenwärtige bezw. gewesene Wirklichkeit des Weltlebens und Weltzusammenhanges (Matth. 10, 30; 6, 6; 1 Joh. 3, 20; Jes. 29, 15; 40, 26; Pf. 139, 1 ff.; Hbr. 4, 13) ansehen, sondern das Wissen Gottes ist ein Vorauswissen (Matth. 6, 8; Act. 1, 24; Pf. 139, 2. 16), und darin liegt seine eigent=

liche Bedeutung für den Glauben. Die Definition, die Allwissen=
heit sei die Vollkommenheit des göttlichen Wissens um die Welt,
ist ungenügend, weil sie die Allwissenheit nicht als wirksame, sich
bethätigende Eigenschaft faßt und darum auch nicht ihre Eigenart
als Vorauswissen zum Ausbruck bringt.

Das Vorauswissen ist nicht e i n e besondere Art von göttlichem
Wissen um die Welt, sondern d i e besondere Art desselben, gerade
weil sein Wissen um die Welt ein sich bethätigendes Wissen ist
und die Bethätigung sich gründet in seinem uns geltenden Willen.
Darum gilt auch hier, daß das göttliche Wissen zu der Erhaben=
heit Gottes über das Gesetz der Folgerichtigkeit gehört, an welches
alles kreatürliche Wissen gebunden ist, das sich auf Beobachtung,
Schlußfolgerung, Berechnung u. s. w. aufbaut und dessen vollendetste
Erscheinung die Wissenschaft ist. Nicht bloß in der Weissagung
bethätigt sich das göttliche Wissen um die Welt als Vorauswissen,
sondern in seinem Gesamtverhalten als Ausführung seines der
Welt geltenden Willens. Die Weissagung ist nur eine besondere
Wirkung, und zwar nicht des Wissens abgesehen von dem Willen
Gottes, sondern des durch den Willen Gottes bestimmten Wissens,
und hat als Weissagung des zukünftigen Heiles ihren Grund
nur in dem für die Zukunft im Zusammenhange seines Wissens
sich bestimmenden Willen. Im Zusammenhange seines der Welt
geltenden Willens weiß Gott um alles Einzelne, weiß es im voraus
und kann deshalb z. B. den Propheten Jeremia in den Stand
setzen, dem falschen Propheten Chananja den Tod zu verkündigen,
dessen Zusammenhang mit dem der Welt geltenden Willen Gottes
in dem Verhalten und Verhältnis Chananjas zu der Wirksamkeit
des gottgesandten Propheten Jeremia beruht. Gerade dadurch,
daß das göttliche Wissen Vorauswissen ist und sich auf alles er=
streckt, was ist und geschieht, ist es der Halt aller, die nicht bloß
bedürfen zu wissen, daß auch der Tropfen am Eimer und das
Stäublein in der Wage nicht vergessen ist, sondern die „in das
Heiligtum Gottes gehen und auf das Ende sehen" müssen, um
nicht zu verzagen. Nie kann die Sünde, nie kann irgend eine
Kreatur Gottes Rat und Willen zu nichte machen, denn nie kann
sie sich seinem Auge und darum seiner Macht entziehen. Das
ist der Halt des Glaubens, wenn es lange währt, bis das Ende
kommt. Hier liegt auch der Zusammenhang der Allwissenheit mit
der Weisheit Gottes, nicht als wenn sie ein Ausfluß oder eine

Wirkung der letzteren wäre, sondern nur darum sieht Gott dem allen zu, was ist und geschieht, weil er „die Wege weiß in tiefen Wassern."

Gerade dadurch nun, daß die göttliche Allwissenheit durchaus Vorauswissen ist, entsteht erst recht, wie es scheint, das Problem in betreff ihrer Vereinbarkeit mit der menschlichen Freiheit. Denn nun ist es schlechterdings unmöglich, sich bei dem ohnehin falschen Satze zu beruhigen: magna Dii curant, parva negligunt, oder wie andere es ausdrücken, Gott wisse im voraus nur die von ihm selbst im voraus gesetzten großen Konturen der Geschichte, während alles dazwischen Liegende ihm erst geschöpflich gerade ex post kund werde. Ebensowenig aber löst sich das Problem durch Verweisung auf die Erhabenheit Gottes über die Zeitform des inweltlichen Seins und Geschehens. Denn abgesehen davon, daß mit der Unterscheidung des göttlichen Wissens als einer scientia simultanea im Unterschiede von unsrer scientia successiva nur die eine Zeitform durch eine andere oder durch die Vorstellung des Raumes ersetzt wird, so wird damit weder die Thatsache, daß Gottes Wissen doch ein Wissen um die Aufeinanderfolge des Ge= schehens ist, an die wir gebunden sind, noch auch die Thatsache auf= gehoben, daß das göttliche Wissen über dem inweltlichen Geschehen liegt. Der Anschein einer necessitierenden Bedeutung des göttlichen Wissens liegt nicht bloß in der Vorordnung, sondern noch kräftiger in der Überordnung desselben. Denn indem das inweltliche Ge= schehen und damit alles menschliche Handeln unterhalb des gött= lichen Wissens liegt, ist die Annahme einer Unausbleiblichkeit und darum Notwendigkeit alles Geschehens, wie es scheint, unabweisbar.[1]) Die Berufung auf den Unterschied zwischen Notwendigem und Gewissem, so daß die Gewißheit des Geschehens nicht seine Notwendig= keit einschließe, befreit uns ebenfalls nicht von dem Drucke des Problems. Die Verweisung auf diesen Unterschied zeigt nur an, was zu beweisen steht, liefert aber nicht den Beweis. Gerade die Gewißheit des göttlichen Vorauswissens ist es, welche die Unab= änderlichkeit und daher Notwendigkeit des Vorausgewußten, also dessen, was gewiß ist, zu ergeben scheint, zumal die Gewißheit des göttlichen Wissens nicht wie unsere Gewißheit um noch nicht

---

[1]) Vergl. die klassische Darstellung der Geschichte des Problems bei Jul. Müller, die christl. Lehre von der Sünde, III, 2, 2. Auch Petavius, de theologicis dogmatibus I, IV, 4—7.

Geschehenes auf dem Zusammenhange desselben mit seinen uns
deutlichen Voraussetzungen, also auf dem irgendwie erkennbaren
Zusammenhange von Ursache und Wirkung, von Voraussetzung und
Folge beruht, sondern auf der unmittelbaren Selbstbeziehung Gottes
zu dem, was ist und geschieht. Gott weiß voraus, was geschieht
und weiß es in dem Zusammenhange, in dem es steht, aber nicht
durch diesen Zusammenhang, sondern durch seine Überordnung,
seine Erhabenheit über denselben. Dies ist es, wodurch der Anschein einer Aufhebung unserer Freiheit durch das göttliche Vorauswissen entsteht. Die Frage ist, ob wir genötigt sind zu dem
Satze: was Gott weiß, das muß geschehen?

Gerade dieser Satz zeigt aber, daß, wenn durch das göttliche
Vorauswissen unsre Freiheit aufgehoben wäre, es auch um die
göttliche Freiheit geschehen wäre. Denn dann muß sich Gott gefallen
lassen, was er weiß, wenn man nicht zu dem Satze fortschreiten
will, daß Gott auch alles will, was er weiß, also auch — die
Sünde, gegen die doch seine gesamte Selbstbethätigung in seiner
Offenbarung gerichtet ist. Dann aber hört noch völliger die Freiheit seiner Selbstbethätigung auf. Ist die Sünde notwendig,
weil er sie will, so ist auch seine durch die Sünde veranlaßte
Offenbarung notwendig, und damit ergiebt sich dann für alles,
was ist und geschieht, ein System des Determinismus, in welchem
für einen lebendigen Gott ebensowenig Raum ist, wie für den
Personwillen und die Verantwortlichkeit des Menschen. Mit der
Freiheit Gottes steht und fällt unsre Freiheit, und so unbequem
es sein mag, die Wirklichkeit unserer Freiheit nur um den Preis
der Anerkennung unserer Sünde behaupten zu können, — nur
um den Preis dieser Anerkennung und damit der Anerkennung
unsrer Verantwortlichkeit behaupten wir unsern Adel. Unsere Sünde
ist nicht der Wille Gottes und darum nicht Wirkung Gottes, nur
unser Glaube ist Wille Gottes und darum auch Wirkung Gottes,
darum aber auch unsre Sünde um so größer, wenn wir ihn versagen.

Damit freilich stehen wir vor einem neuen Problem. Wir
erleben unsre eigene Sünde, unsre That, die wir als Gegenteil
des Willens Gottes erkennen und anerkennen müssen, doch zugleich
als Ergebnis eines Zwanges, der auf uns lastet. Wir können ihr
uns nicht entziehen, — wie sollen wir das erklären? Wird nicht
dadurch doch das eben gewonnene Ergebnis, daß unsre Freiheit
durch die göttliche Allwissenheit nicht geschädigt wird, wieder auf-

gehoben? Auf der einen Seite erleben wir, daß Gott sich selbst uns darbietet zur Erlösung, daß er selbst den Glauben wirkt, den er fordert, und daß wir in der Macht der Sünde verbleiben, wenn wir den Glauben versagen, und dies überführt uns, daß er die Sünde nicht will, daß sie also nicht das Produkt einer von ihm ausgehenden Nötigung sein kann. Auf der andern Seite steht die Erfahrung: „der ich will das Gute thun, finde ich, daß mir das Böse anhangt." Natur- und Geschichtszusammenhang nötigen es uns auf, — das scheint der Preis zu sein, um den wir Geschichte mitleben dürfen. Wenn wir uns nun haben sagen müssen, daß alles, was ist und geschieht, nur dadurch sein und geschehen kann, daß Gott sich wirksam zum Weltzusammenhange verhält, ist dann nicht doch die Notwendigkeit der Sünde von ihm geordnet? Das ist es ja, was Luther in seiner Schrift de servo arbitrio betont. Hat Luther unrecht? Die Antwort, die wir zu geben haben, kann nur dahin lauten, daß allerdings zwar nicht die Sünde, aber der Zwang, den wir erleben, Gottes Wille und Ord-nung ist. Er will die Sünde nicht, das steht fest durch die Ver-pflichtung zum Glauben, die wir von seiner Offenbarung her in seinem Handeln an uns erleben. Nicht daß sie in der Welt ist, beruht auf seinem Willen, sondern wie sie in der Welt ist. Sie würde nicht in ihr herrschen, — Gott würde nicht Geduld mit ihr haben, wenn er uns nicht erlösen wollte. Daß sie so in der Welt ist, wie wir sie erleben, als eine uns unter sich zwingende Macht, das gehört zu den von seiner Weisheit geordneten Wegen: wir sollen sie erleben, damit wir sie leid werden, — man denke an Pauli Wort vom Gesetz Gottes, daß es „zwischeneingekommen sei, damit die Sünde mächtiger würde" und „alle Welt Gott schuldig werde" (Röm. 5, 20; 3, 19. 20). Er weiß um die Sünde, bevor sie ist und geschieht; er wirkt dem nicht entgegen, daß sie geschieht, er erhält sogar den Weltzusammenhang in Natur und Geschichte, in welchem sie uns unter sich zwingt, weil er die Welt nicht auf-geben, sondern erlösen will, aber nun stellt er uns auch durch seine Offenbarung vor die Entscheidung, ob wir in der Sünde verbleiben, Sünde zur Sünde fügen wollen oder nicht, und läßt uns so erleben, daß sein Wille und sein Werk unsre Freiheit, unsre Sünde aber ganz unser eigenes Werk ist und sein soll.

So ergiebt sich auch von hier aus, daß jeder Anschein einer Vernichtung unsrer Freiheit durch das Vorauswissen Gottes nur

Schein, nicht Wirklichkeit ist. Es giebt nur eine von Gott aus=
gehende Vernichtung der Freiheit, — wenn Gottes Gericht sich
wider diejenigen kehrt, die „nicht gewollt haben", als sie wollen
konnten und sollten. Die Frage nach dem Verhältnis unsrer Freiheit
zum göttlichen Vorauswissen spitzt sich also zu zu der Frage nach der
freien That, auf die alles ankommt, nach dem Glauben, den Gott for=
dert und giebt. Alles, was vor dem Glauben liegt, ist nicht in dem
Maße freies Verhalten, wie der Glaube. Wird der Glaube uns
dargeboten, so stehen wir erst vor der entscheidenden That. Hier erst
ist denn auch die That uns möglich, die allein ganz unsre That ist,
— nicht der Glaube, sondern der Unglaube ist lediglich unsere
That, ist deshalb die entscheidende Sünde, in der uns alle andern
Sünden „behalten werden" (Joh. 20, 23). Ist nicht einmal der
Glaube, obgleich Gott ihn wirkt, necessitiert durch ihn, wieviel
weniger der Unglaube. Steht uns das erst fest, so wissen wir
auch, daß der Schein der Vernichtung unsrer Freiheit durch das
göttliche Vorauswissen nur Schein ist und zu den Versuchungen
gehört, mit denen der Glaube zu kämpfen hat und die nur durch
den Glauben überwunden werden können. Wer aber erst die
Versuchung überwunden hat, welche in der Thatsache des Zwanges
liegt, den die Sünde und die Herrschaft der Sünde in der Welt,
in der Geschichte über uns ausübt, für den ist diese lediglich
im Gebiet des Gedankens liegende Versuchung leicht zu überwinden.

Was unsre Freiheit schädigt oder aufhebt, was uns jetzt
schon unter dem Mangel der Freiheit leiden macht, ist etwas
ganz anderes als die Allwissenheit Gottes. Weil sie es nicht
thut, so ergiebt sich auch, daß sie sich nicht bloß erstreckt auf
das, was durch unser Verhalten wirklich wird, sondern auch
auf die Folgen eines von uns etwa einzuschlagenden anderen
Verhaltens, wie dies nicht bloß die alttestamentlichen Stücke
1 Sam. 23, 10—13; Jer. 38, 7—20; Ez. 3, 6 aussprechen,
sondern auch Jesus selbst bezeugt; denn was er von der Buße
Tyrus und Sidons, Sodoms und Gomorrhas sagt Matth.
12, 20 ff., ist ihm ebenso ernst, wie das Urteil über die Sünde
Kapernaums, Chorazins und Bethsaidas. Anlaß und Zweck seiner
Rede gestatten keinen Ausdruck, der nicht Wahrheit ist, der nur dem
rhetorischen Bedürfnis dient. Ist es nicht Wahrheit, was Jesus von
den Städten sagt, über die Gottes Gerichte ergangen, so brauchen
die Städte, über die er schilt, sich seinem Urteil nicht zu beugen.

4. Die Ewigkeit und Unveränderlichkeit Gottes.

Heiligkeit, Gerechtigkeit, Weisheit, Allmacht, Allgegenwart, Allwissenheit, das sind die Eigenschaften dessen, der in seiner Offenbarung sich wunderbar bethätigt zu unserer Erlösung, des Vaters unseres Herrn Jesu Christi, der allein Gott ist. So, wie wir es in diesen Eigenschaften erkennen, so ist er Gott, so verpflichtet er uns zum Glauben, so wirkt er in uns den Glauben und erhält ihn, so bietet er uns die Erlösung dar als Lösung des eigentlichen Welträtsels, des Rätsels der Geschichte, das jeder in seiner eigenen Person und Geschichte mit sich herumträgt, wenn er auch lange wie Parzival nicht einmal die Frage zu stellen weiß, auf die er Antwort haben muß. Durch die Bethätigung dieser Eigenschaften in dem und durch den, den er zur Ausführung seines Ratschlusses gesendet, durch Jesum den Christ, rettet er unser Leben vom Verderben, und so erst erleben wir, daß wir unser Leben nicht zwecklos haben, daß eine Welt, die an sich selbst nur zu Grunde gehen kann, doch nicht zwecklos besteht, sondern um zu erleben, daß Gott die Liebe ist, oder daß wir dazu da sind, daß Gott alles, was er ist, für uns und in seiner Gemeinschaft mit uns sei, „auf daß unsere Gemeinschaft sei eine Gemeinschaft mit dem Vater und mit seinem Sohne Jesu Christo" durch den heiligen Geist (1. Joh. 1, 3). In dieser Gemeinschaft ist unser Leben vom Verderben errettet, indem er es an sich gebunden und sich mit uns verbunden hat. Dadurch ist unser Leben wie das des Mittlers, wie Gottes Leben selbst ein „unauflösliches Leben" (Hebr. 7, 16), nicht bloß gerettet von dem Gesetz der Sünde und des Todes, sondern mit unserm Gott erhaben über das Gesetz des Werdens und Vergehens, — es ist zum ewigen Leben geworden. Die Bedingtheit ist geblieben; es ist und bleibt abhängig, bedingt durch Gott, durch seine Liebe, aber diese Bedingtheit ist nur noch in seinem Gewordensein und seinem Bleiben wirksam, das Vergehen ist ausgeschlossen durch die Liebesgemeinschaft Gottes mit uns, dadurch, daß wir „der Zweck Gottes" sind. So giebt sich uns als abschließende Eigenschaft Gottes seine Ewigkeit in der Bewirkung unseres ewigen Lebens zu erfahren, und so erkennen wir erst, was Ewigkeit Gottes ist.

Überall, wo Gott gesucht wird, auch im Heidentum, ist der Gedanke einer Ewigkeit der Gottheit vorhanden. Er ist von dem

Gottesgedanken, dem Gedanken der der Welt übergeordneten Macht (vgl. Röm. 1, 19. 23) nicht zu trennen. Deshalb ist z. B. bei den Griechen Unsterblichkeit das Prädikat der Götter im Unterschiede von den „Sterblichen", den Menschen. Aber diese Unsterblichkeit ist doch nicht von ferne schlechthinige Er= habenheit über den Tod.[1]) In der germanischen Mythologie verfallen auch die Asen dem Untergange der Welt; wenn auch die Ahnung eines „jenseits der Götterdämmerung" sich ausspricht, so sind sie es doch nicht, welche das Erstehen einer neuen Welt und ihr eigenes Wiedererstehen herbeiführen. Man sucht die Gottheit, um sich durch sie zu retten, — das ist im Grunde die ganze Ahnung von Ewigkeit, die man im Heidentum hat, und kann auch wohl keine andere haben, wenn man nicht zum Nirwana der Inder seine Zuflucht nehmen will, denn der Gedanke einer unendlichen Dauer, — die einzige Vorstellung, mit der man rechnen könnte, ist doch schließlich unerträglich.

Die Ewigkeit Gottes, die sich uns in seiner Offenbarung erschließt, ist etwas anderes. Zunächst ist auch sie eine sich be= thätigende wirksame Eigenschaft Gottes. Sie ist diejenige Er= habenheit Gottes über das Gesetz des geschöpflichen Seins, welche sich bethätigt in der Erhebung unseres Lebens über das Gesetz des Werdens und Vergehens, oder die Bethätigung seiner Er= habenheit über das Gesetz des Werdens und Vergehens an uns und unserm Leben, indem er uns zu Mitgenossen seines Lebens macht, sich mit uns und uns mit sich verbindet. Das Gesetz des Werdens und Vergehens, unsere Gebundenheit an die Zeitform des geschöpflichen Seins hindert ihn nicht, alles, was er ist, für uns zu sein, sich mit uns zu verbinden und so unser Leben mit einem Inhalt zu füllen, der diesem Gesetz nicht unterworfen ist. Dadurch wird uns erst der Zweck unseres Daseins und überhaupt der Zweck einer geschaffenen Welt verständlich. Die Schöpfung Gottes ist nicht bestimmt zum Vergehen, sondern zum Bleiben, weil sie bestimmt ist, Objekt der Liebe Gottes in seiner Selbst= beziehung zu uns zu sein. Die uns bedrückende Wirklichkeit des Weltzusammenhanges läßt freilich diese Bestimmung nicht begreifen. Die Offenbarung Gottes aber giebt uns zu erkennen, daß zwar

---

[1]) Vgl. Nägelsbach, homer. Theologie, 3. Aufl., bearb. von Autenrieth, 1, 26 ff., nachhomer. Theologie, 1, 6 ff.

nicht Entwicklung, aber auch nicht Vernichtung, sondern Verwand=
lung der Welt das Ziel der Wege seiner Liebe ist, — eine Ver=
wandlung, in der freilich das, was im Geschichtszusammenhange
aus der Welt geworden und von uns aus ihr gemacht ist, zu
Grunde gehen muß und wird.

Daß diese Ewigkeit Gottes der Schrecken unseres Gewissens
ist, solange wir den ganzen Inhalt und Zweck seiner Offenbarung
noch nicht ergriffen haben, ist ebenso begreiflich, wie die gleiche
Wirkung der übrigen Eigenschaften Gottes, wird aber erst zum
schuldig machenden Irrtum, zur „Sünde des Schuldbewußtseins“,
wenn man dabei beharrt und den ablehnt, der in Gericht und
Gnade uns zugleich seine Ewigkeit und all seine Eigenschaften,
seinen Willen und seine Macht zum Bewußtsein bringen will,
damit wir an ihn glauben.

Ist das oben Gesagte die Bedeutung der Ewigkeit Gottes,
ist ihre Erkenntnis der krönende Abschluß unserer Erkenntnis der
Eigenschaften Gottes, so begreifen wir, daß sie in dem Lobpreis
und der Anbetung der Gemeinde fast ebenso unabweisbar erscheint,
wie die Macht Gottes, vgl. Röm. 11, 36; 16, 26. 27; 2 Kor.
11, 31; Eph. 3, 21; Phil. 4, 20; 1 Tim. 1, 17; 6, 15;
2 Tim. 4, 18; Hebr. 9, 14; 13, 21; 1 Petr. 4, 11; 5, 11;
Apok. 1, 4. 8; Jef. 41, 4; 43, 10; 48, 12; Pf. 90, 2. Die
Gewißheit der Ewigkeit ist für den Glauben Gewißheit der
Geborgenheit in Gott, und die endliche Erfahrung der machtvoll
rettenden Gerechtigkeit Gottes legt deshalb der Gemeinde den
Lobpreis seiner Macht und Ewigkeit in den Mund; dies umso=
mehr, als alle Bethätigung Gottes für uns und an uns der Aus=
druck und die Ausführung eines im Wesen Gottes beschlossenen,
nicht erst entstandenen, sondern über der Geschichte erhabenen, vor
der Welt liegenden Willens Gottes ist, Ausdruck einer vor der
Welt und ihrer Zeit liegenden Selbstbestimmung Gottes für die
Welt und darum Bestimmung der Welt bezw. seiner Gemeinde für
ihn. Es ist dem Glauben unmöglich, den uns geltenden Willen
Gottes anders wie als einen ewigen zu denken, so daß sich da=
durch Aussagen wie Röm. 16, 25; Eph. 3, 19 ff.; 2 Tim. 1, 9;
Tit. 1, 2; Eph. 1, 4; Matth. 13, 35; 25, 34; 1 Petr. 1, 20
legitimieren und nicht als Theologumena der neutestamentlichen
Schriftsteller angesehen werden können. Diese Ewigkeit Gottes
verbürgt die Zukunft und ist die Zuflucht des Betenden (Pf.

90, 2; Röm. 11, 36). Sie ist, wie alle Eigenschaften Gottes, ein Glaubensartikel, aber dem Glauben ebenso gewiß, wie er selbst. Denn der Glaube entsteht nur durch die Wahrheit, durch die Wirklichkeit seines Objektes, und hat die Wahrheit.

Die Schwierigkeit, die Ewigkeit vorstellig zu machen, hindert die Gewißheit des Glaubens nicht; im Gegenteil rechnet der Glaube gerade damit, daß sie etwas ganz anderes ist, als die Daseinsform, an die wir im gegenwärtigen Weltzusammenhange gebunden sind, ehe erschienen ist, was wir sein werden. Dennoch müssen wir versuchen, uns klar zu machen, was sie ist. Indem Anfang und Ende, Gewordensein, Werden und Vergehen von Gott ausgeschlossen ist, ist er damit auch, wie dies schon in seiner Erhabenheit über das Gesetz unseres Daseins liegt, über das Wesen der Zeit, über die Aufeinanderfolge von Momenten erhaben. Nicht in ihm, sondern nur vor ihm giebt es Zeit. Darum ist er Herr über die Zeit, und tausend Jahre sind vor ihm wie ein Tag und ein Tag wie tausend Jahre. Deshalb darf die Ewigkeit nicht vorgestellt werden als aeternitas successiva oder sempiternitas, also als unendliche Aufeinanderfolge von Momenten, — ein Unbegriff, da eine unendliche Folge lauter Endlichkeiten ein Widerspruch in sich ist, — sondern höchstens mit Augustin als aeternitas simultanea, obschon auch dieser Begriff nur eine Vertauschung entweder der einen Zeitvorstellung mit der andern oder der Zeitvorstellung mit der des Raumes enthält. Es bietet sich uns aber ein anderer Weg dar, sowohl um zu dem eigentlichen Begriff der Ewigkeit zu gelangen, als auch zu erkennen, daß es sogar in unserm eigenen Leben etwas giebt, woran wir etwas von dem, was Ewigkeit ist, inne werden.

Indem die Ewigkeit Gottes das Gewordensein und Werden und damit Vergangenheit und Zukunft von ihm ausschließt, ergiebt sie sich als die Realität des Begriffs der Gegenwart. Für uns ist Gegenwart nur der mit seinem Eintritt zugleich verschwindende, sofort also nicht vorhandene mathematische Punkt des Durchganges der Zukunft in die Vergangenheit. In dem Verlauf unseres Daseins giebt es somit keine greifbare Gegenwart. Nur an einem Punkte, nicht unseres Daseins, sondern unseres Personseins giebt es Gegenwart und lernen wir kennen, was Gegenwart ist: in unserm Gewissen, und zwar in unserm bösen Gewissen. Wir sind uns in demselben unser so bewußt, daß wir von unserer Sünde sagen müssen, nicht: ich war es, sondern: ich bin es, der dies gethan hat. Die Vergangenheit der That und die bleibende Selbigkeit der Person schließen sich so zusammen, daß auch die That nicht vergangen ist. In unserm Gewissen bleiben wir uns selbst nicht bloß vorstellungsmäßig, sondern wirklich gegenwärtig und — auch unsere Zukunft ist in ihr schon unsere Gegenwart. Im Gewissen ist Vergangenheit nicht vergangen und Zukunft nicht zukünftig. So wissen wir, was Gegenwart ist, die nie Vergangenheit werden will, und in der schon die Zukunft von uns gelebt und empfunden wird. Durch die Vergebung der Sünden, also im gläubigen Haben der Erlösungsliebe Gottes schwindet die Vergangenheit; was aber von der Gegenwart unaufhaltsam in die Vergangenheit eingeht, — eins wird nicht zur Vergangenheit, das gerettete Leben, in welchem die Zukunft, auf die wir warten, doch zugleich schon Gegenwart ist. Wie wir in unserm bösen Gewissen wissen, was ewiger Tod ist, weil er in uns ist, so in unserm durch die Vergebung befreiten Gewissen, was ewiges Leben ist, weil es in uns ist, und so gewinnen wir, wenn auch nur ein Fernbild von der Ewigkeit Gottes als demjenigen Sein, welches dem Personleben vollkommen entsprechend ist, ein Sein, zu welchem auch wir geschaffen und erlöst sind, ein unvergängliches seliges Sein in der Vollkraft des Lebens, in ewiger Jugend, 2 Kor. 4, 16 ff.

So gehört die Ewigkeit zu den Eigenschaften Gottes, in denen er sein Wesen für uns bethätigt. Sie ist somit kein bloßer Formalbegriff zur Bezeichnung seiner Seinsweise im Unterschiede von der Zeitform des geschöpflichen Seins, sondern schließt mit der Unmöglichkeit, jemals gewesen zu sein, zugleich seine Unveränderlichkeit ein. Denn alles das, was wir bisher von ihm erkannt haben, bethätigt er in seiner Ewigkeit so, daß es trotz des Gegensatzes unserer Sünde zu seinem Willen dabei verbleiben soll. In wunderbarer Erhabenheit über das Gesetz der Folgerichtigkeit und doch ohne dasselbe zu verneinen, hält er aufrecht, was er ist und sein will, und beweist somit dem Gegensatze gegenüber, dem er bei uns begegnet, daß nichts imstande ist, ihn und seinen Willen zu ändern (vgl. Röm. 16, 26; Mal. 3, 6; Num. 23, 19; Ps. 102, 27. 28). Der Triumph der Sünde bezw. der sündigen Kreatur über ihn ist schlechthin ausgeschlossen. Daß die Sünde seinen Gegen=

satz hervorruft und dadurch seine Bethätigung für uns eine besondere Gestalt erhält, indem sein Schöpfungswille zum Er=lösungswillen wird, bewirkt nicht eine Veränderung seines Wesens oder auch nur seiner Weltstellung, sondern ergiebt nur, daß er sich selbst gleich bleibt in seiner Liebe und daß er für uns der=selbe bleibt in eben dieser Liebe. Die Mannigfaltigkeit des Handelns der Liebe ist damit nicht ausgeschlossen, sondern be=stätigt nur die Beständigkeit derselben in der Fülle ihrer Be=thätigungen. Wir haben früher gesehen, daß in der Freiheit des Menschen keine Beschränkung für Gott liegt, sondern daß sie viel=mehr dazu dient, die Macht und Freiheit Gottes nur noch herr=licher zur Erscheinung zu bringen. Damit ist schon die Un=veränderlichkeit Gottes gegeben, welche sich dem Mißbrauch der Freiheit gegenüber freilich anders bethätigen müßte, wenn sie an das Gesetz der Folgerichtigkeit gebunden wäre. Aber als die Unveränderlichkeit seiner Liebe ist sie imstande, sich anders zu bethätigen, ohne sich selbst zu ändern. Auch seine Offenbarung in Christus, ja gerade diese, hat keinen andern Zweck und keinen andern Erfolg, als zu bethätigen und zu bestätigen, daß Gott alles, was er ist, nur für uns und in Verbindung mit uns sein will. Die Erscheinung dieses seines ewigen Verhältnisses zu uns ist eine besondere geworden durch die Aufgabe der Gegen=wirkung gegen Sünde und Tod, welche die Liebe sich gestellt. Der Inhalt ist derselbe, das Subjekt dasselbe, seine Eigenschaften die=selben, — nur ihre Erscheinungsweise eine durch die Aufgabe be=sonders gestaltete, so daß sie anders sein würde, wenn die Sünde nicht wäre. Es ist Aufgabe der Christologie, zu zeigen, wie die Unveränderlichkeit Gottes und damit all seine Eigenschaften in Christo zur Erscheinung kommen, und zwar zu einer Erscheinung, die ebenso wunderbar ist, wie die Thatsache, daß Gott seinen Liebeswillen trotz unserer Sünde aufrecht erhält. Eins ist so wunderbar wie das andere, nur zu erkennen aus der Wirklichkeit, in der es erscheint. Die Unveränderlichkeit Gottes, welche man lediglich aus dem Gottesbegriff gewinnt, ist eine ganz andere, als die Gott in seiner Offenbarung bethätigt und durch die er uns zum Glauben verpflichtet und verhilft.

Daß Gott in seiner Offenbarung sich als der ewige und un=veränderliche bethätigt, ist für die Frage nach der Wahrheit der durch die Offenbarung bewirkten Gotteserkenntnis von besonderer

Bedeutung. Denn nun ergiebt sich, daß der Gott, dessen Offenbarung zugleich seiner Selbstbehauptung gegenüber der Sünde dient, nichts anderes und nicht anders ist, als wie er sich bethätigt. Die Eigenschaften, die wir in seiner Offenbarung erkennen, sind die Eigenschaften seines Wesens, allerdings seines Wesens in seinem Verhältnis zu uns, aber in einem Verhältnis, in welchem er alles, was er ist, für uns sein will. Eben weil er alles, was er ist, für uns sein will, ist es auch nicht nur etwas von ihm, was wir erkennen können und sollen. Er kann jenseits dieses Verhältnisses zu uns und über demselben kein anderer sein, als in demselben; was für uns noch über unsere gegenwärtige Erkenntnis hinausliegt, hängt mit dem zusammen, was wir uns mehrfach über die Bedeutung der Mission und die Bethätigung der Weltgegenwart Gottes vorstellen. Der Unterschied zwischen unserer gegenwärtigen und zukünftigen Erkenntnis beruht darin, daß noch die Zeit der Heilsdarbietung währt und die Heilsvollendung erst eintritt mit dem abschließenden Gericht der rettenden Gerechtigkeit Gottes. Es kann hier nur wiederholt werden, was wir uns in den einleitenden Untersuchungen sagten: wie es kommt, daß Gott ist, das geht ebenso wie anderes, was auf dem Gebiete des Welterkennens wahrgenommen wird, über unsere Erkenntnisfähigkeit hinaus. Aber was er ist und wie er ist, seine Wirklichkeit giebt er uns zu erkennen, und dasjenige Verhalten, durch welches wir ihn erkennen, ist der Glaube, zu dem er uns verpflichtet und den er in uns wirkt. Was wir aber im Glauben erkennen, das ist die Wahrheit, und es ist nicht wohlgethan, immer nur die Begrenztheit und Beschränktheit statt der Wahrheit und des Reichtums unserer Erkenntnis zu betonen. Freilich wie von Glauben zu Glauben, so geht es auch von Erkenntnis zu Erkenntnis, und darum ist ein Unterschied zwischen unserer diesseitigen und jenseitigen Erkenntnis nach dem Wort Pauli 1 Kor. 13, 12. Wir werden dann manche beschämende Korrektur erfahren, aber was wir wirklich im Glauben und durch den Glauben erkannt haben, das wird vollauf und überschwenglich bestätigt werden.

Die Einheit der göttlichen Eigenschaften oder die Herrlichkeit Gottes.

In jeder Eigenschaft bethätigt sich das ganze ungeteilte Wesen Gottes, in jeder sind alle andern mitgesetzt und mitwirksam. Sie bezeichnen nicht verschiedene Bethätigungen Gottes, die einander ablösen oder nebeneinander hergehen. Während man sonst von der Notwendigkeit eines Ausgleichs gewisser Eigenschaften mit= einander, wie der Gnade und Barmherzigkeit mit der Gerechtig= keit, oder von dem zeitweiligen Ruhen der Gerechtigkeit in der Geduld Gottes, oder von einer Selbstbeschränkung Gottes unter Verzichtleistung auf die uneingeschränkte Ausübung seiner Macht, von einer zeitweiligen Zurückhaltung seines Gegensatzes gegen die Sünde redete, hat sich uns ergeben, daß nicht bloß von einer solchen Zurückhaltung oder Selbstbeschränkung nicht die Rede sein kann, sondern daß noch weniger ein Ausgleich verschiedener Eigen= schaften erforderlich ist. Wie die Geduld eine Bethätigung seiner Weisheit ist, so ist die Gnade eine Ausübung seiner Gerechtigkeit. Der in allen Eigenschaften sich bethätigende Wille ist der der Gegenwirkung gegen die Sünde zum Zwecke seiner Liebe, und der Grundzug aller Eigenschaften ist die Selbstbethätigung Gottes in der Einheit von Gericht und Gnade zum Zwecke der Erlösung. So ergiebt sich die Einheit seiner Eigenschaften, in welcher sie die Erscheinung seines Verhältnisses zu uns oder die Erscheinung seines Wesens in seinem Verhalten zu uns sind. Für diese Ein= heit hat die Religion der Offenbarung in der heiligen Schrift den Begriff der Heiligkeit Gottes geprägt, כָּבוֹד oder δόξα, nach Exod. 33, 21 „alles Gute Jhvhs." Sie ist es, die über Israel aufgehen soll und aufgeht in der Erfüllung der Ver= heißung Jes. 40, 5; 46, 13; 60, 1, die sich in Christo zu er=

kennen giebt, 2 Kor. 4, 6; Hebr. 1, 3, und zwar nicht etwa nur
in dem, was ihm von Gott her widerfährt, Röm. 6, 4, sondern
in dem, was Christus für uns ist.

Die Eigenschaften Gottes sind nicht ein nach Analogie einer
Naturkraft von selbst mit innerer Notwendigkeit oder in einfacher
Folgerichtigkeit sich auswirkendes Gesetz seines Wesens, sondern sie
sind die Erscheinung seines in Freiheit sich bethätigenden Willens,
seiner Erhabenheit über das Gesetz der Folgerichtigkeit. Sein Handeln ist folgerichtig, aber es begiebt sich nicht nach einem Gesetz der
Folgerichtigkeit. In dieser seiner Erhabenheit über das Gesetz der
Folgerichtigkeit bethätigt er sich wider das in unserer Geschichte wirksame Gesetz der Sünde und des Todes zum Zwecke der Verwirklichung seiner Liebesgemeinschaft mit uns. Seine Weisheit ist es,
die für diesen Zweck die Wege findet, indem er die Welt zunächst
erhält und trägt durch die Allmacht seiner Liebe, damit sie das Gesetz
der Sünde und des Todes erleide und so bereit werde, seine Selbstdarbietung zur Erlösung im Glauben aufzunehmen und die Erlösung zu erleben. Die Wege aber, die er wählt, um sich uns
darzubieten, sind die Wege erwählender Liebe, auf denen die
ganze Größe, Macht und Freiheit seiner Liebe dadurch zur Erscheinung kommt, daß gerade hier und erst hier die ganze Macht
des Widerstrebens der Sünde gegen ihn sich bethätigen kann und
bethätigt. So geschieht es, daß die Selbstbethätigung Gottes zu
unserer Erlösung eine Geschichte hat, welche beginnt mit der Erhaltung der sündigen Welt, ihren Mittelpunkt findet in der Offenbarung Gottes in Christo und zum Abschluß gelangt in dem
Gericht der die Gemeinde der Erwählten machtvoll rettenden Gerechtigkeit. Es ist ein einheitliches Handeln Gottes nicht durch
die Geschichte, sondern innerhalb der Geschichte, in der die Menschheit, soweit sie sich nicht das Verhalten Gottes im Glauben zur
Erlösung dienen läßt, an sich selbst zu Grunde gehen muß und wird.

Dadurch, daß dieses einheitliche Verhalten Gottes zum Zwecke
unserer Erlösung bis heute und bis zu Ende ein geschichtlich sich
bethätigendes ist, in welchem sich an die Offenbarung in Christo die
Missionierung der Welt anschließt, erklärt sich, daß auf der einen
Seite in diesem Verhalten stets alle Eigenschaften Gottes wirksam
sind, auf der andern Seite aber diese Eigenschaften nur auf dem Gebiete der Offenbarung wahrgenommen und erkannt werden, und
zwar so, daß auch dort ihre Erscheinung immer völliger wird, je

völliger Gott sich bethätigt. Dies hängt zusammen mit dem, was wir uns über die eine und selbige Weltgegenwart und ihre Besonderungen, über den Unterschied zwischen Allgegenwart und Heilsgegenwart ꝛc. zu sagen hatten. Daher kommt es, daß die Offenbarung der Herrlichkeit Gottes Gegenstand der Verheißung und Hoffnung Israels ist, daß sie die Verkündigung der Geburt Christi begleitet, Luk. 2, 9, in Christo Gegenwart gewinnt, Joh. 1, 14; 2, 11, in seiner Auferweckung durch seine Rechtfertigung sich bethätigt, Röm. 6, 3; 1 Tim. 3, 16, und doch erst bei seiner Wiederkunft rückhaltlos erscheint, Matth. 16, 27; 19, 28; 25, 31; 2 Theff. 1, 9 u. a. Sie bezeugt sich im Evangelium, 1 Tim. 1, 11, bethätigt sich sonderlich an und in der Gemeinde durch die Gegenwart des heiligen Geistes, Eph. 3, 16; Kol. 1, 11; 1 Tim. 4, 14, und bildet das Endziel der christlichen Hoffnung. Mit dieser geschichtlichen Erscheinung der Herrlichkeit Gottes hängt der Unterschied und die Einheit unserer gegenwärtigen und zukünftigen Erkenntnis Gottes zusammen, wovon oben S. 108 die Rede war. Für beide aber gilt, was wir als Forderung und Wirkung Gottes in seiner Offenbarung erkannten: „so du glauben würdest, solltest du die Herrlichkeit Gottes sehen," Joh. 11, 40.